中国史 — 求 索 与 追 寻 —

The Cold Cases of the
Great Tang

蒋爱花

著

大唐谜案

中国社会科学出版社

图书在版编目（CIP）数据

大唐谜案/蒋爱花著 . —北京：中国社会科学出版社，
2024.4（2024.5重印）
ISBN 978-7-5227-3357-9

Ⅰ.①大…　Ⅱ.①蒋…　Ⅲ.①中国历史—研究—唐代
Ⅳ.①K242.07

中国国家版本馆 CIP 数据核字（2024）第 066084 号

出 版 人	赵剑英
项目统筹	侯苗苗
责任编辑	侯苗苗
责任校对	赵雪姣
责任印制	王　超

出　　版	中国社会科学出版社
社　　址	北京鼓楼西大街甲 158 号
邮　　编	100720
网　　址	http://www.csspw.cn
发 行 部	010-84083685
门 市 部	010-84029450
经　　销	新华书店及其他书店

印刷装订	北京君升印刷有限公司
版　　次	2024 年 4 月第 1 版
印　　次	2024 年 5 月第 2 次印刷

开　　本	880×1230　1/32
印　　张	8.875
字　　数	153 千字
定　　价	78.00 元

目　　录

自　序

大唐究竟是怎样的过去？数千年后的我们依然魂牵梦萦。在一般的印象中，盛唐属于炫目的宫殿、华丽的服饰、高耸的造像、胡姬的舞步、敦煌的飞天……各种符号绘制出一幅生生不息、流光溢彩的画卷。如果只从"颜值"的角度理解唐朝，其实是对盛世大唐的一种"亵渎"。作为横亘在人类文明史上的现象级存在，唐朝有许多内在的特质需要我们深刻认识。如果中国的历史有一个记忆的中心，那么这个中心或许就是大唐盛世。恢宏灿烂，盛极而衰，仿佛新旧两个世界的交汇与融合。

迥异于宋代以后的时期，唐朝以一种无与伦比的开放心态，吸收世界各地的文化，甚至吸收不同国籍、不同族群、不同信仰的人进入国家权力的中心。唐的繁盛与对异质文化持有开明包容的态度不无关系，在这一时期，本土文化与外来文化交织成如梦如幻的乐章。不过，就算在大唐这样的恢宏朝代，也存在生杀予夺、动荡凋亡、人治与法治的矛盾。

众所周知，《唐律疏议》是现存中国历史上最早的成文法典。那些干涩的法律条文，到目前为止仍然存在令学界迷惑不解的地方。当我们翻看唐人的正史记载与笔记小说，发现诡异的案子确实不少。在唐朝，一些案子有着令人惊恐的情节，故事的刺激与惊人程度让我们对距今一千余年的历史充满了好奇。一些在正史中不会留下传记的普通人，他们虽微不足道，却非悄无声息。有一些离奇的案件，其判案过程饱含了深刻的思辨，体现出万古不变的法律智慧。

当然，古代的史书很吝啬它的语言，唐代的案子所留下的往往只是蛛丝马迹。所幸的是，我们可以以流传至今的笔记小说、诗词、壁画、敦煌文书等为依托，解构案子本身、还原事件真相。大唐三百年的历史，在人们的视野中出镜的次数很多，既有正说的镜头，也有偏见与虚夸并存的戏说。昔日的长安早已不再，逝去的盛唐面目模糊，如何通过《大唐谜案》的讲述，让读者在脑海中还原唐人眼中的时空？从唐代的案件讲法律，进而展开学术的解读，这是笔者录制中央电视台《法律讲堂》文史版《唐代判案故事》时的最初想法。

通过案子读懂大唐无疑是一个崭新的角度，市面上的同类读物并不多见。在大唐这样一个极具辐射力的特殊时代，判案精神也同样产生辐射力。专属于大唐的魅力，不仅体现在歌舞升平里，也展现在法治精神对后世的影响上。本书共收录 20 篇故事，事件或大或小，当事人或知名或普通，但将为你描绘盛世咏唱的现实风貌，剥开大唐盛世背后的琐碎，触摸礼治下的法治精神。

无字碑之谜

在中国传统帝制时代，皇帝至高无上，他们的陵墓中自然也是珍宝无数。为了彰显其生前的功德，往往会在陵墓前树立高大的墓碑，上面遍布着恢宏大气的文字。但是，中国历史上唯一的女皇帝武则天却是例外，她的墓碑上空空如也，没有任何字词，后人将其称为"无字碑"。武则天无字碑之谜被列入历史七大未解之谜之一，无字碑自带两个谜团：第一，无字碑是何人所立？第二，根据石碑上已经画好的格子计算，大约可以刻上6300个字，可无字碑为什么空无一字？民间一共有五种说法，哪种说法更可信呢？

一　夫妻皇帝之乾陵

唐神龙元年（705 年）十一月武则天病逝，迄今已 1300 余年。武则天正式在位时间达 15 年，留下的历史遗迹和文物众多，包括山西文水的则天圣母庙，西安城北的大明宫遗址、感业寺遗址、城南的荐福寺匾额，四川广元的皇泽寺武后真容石刻，河南洛阳龙门石窟的卢舍那大佛，偃师的升仙太子碑，登封嵩山的升中述志碑等。但其中最引人注目、最难解释的遗迹，当属陕西乾陵的无字碑。要说无字碑，还得从武则天和她的丈夫唐高宗李治的合葬墓乾陵说起。

乾陵是夫妻二人的合葬墓，坐落在西安西北 80 千米的乾县梁山上，墓道沿梁山逐级下降，两旁排列有真人大小的石雕像，在朱雀门的地势宽广处，并排树立着两块高大的墓碑，但风格截然不同。乾陵西面是述圣纪碑，碑高 7.5 米，边宽 1.86 米，共 46 行。顶上一级为庑殿式的顶盖，中间五节为碑身，重 89.6 吨，总共七节，所以又称七节碑。碑上有洋洋洒洒的文字 6000 字，内容由武则天拟定，由他们的儿子唐中宗李显书写，碑文歌颂了唐高宗的文治武功。

乾陵的东面是属于武则天的无字碑。树碑立传通常用来夸耀功德，作为我国历史上唯一女性皇帝的石碑，这个碑上却空无一字，被后人称为无字碑。无字碑并非是初立时的名称，而是几经变更后长期形成的约定俗成的称法。九百年前的北宋元祐年间，陕西转运使游师雄曾主持绘制过一张乾陵图，图中记载了陵前石雕的数量和名称。"无字碑"之名开始出现。后来，明代前期咏乾陵的诗文中，还常见"空碑""没字碑"的称呼。明代中叶之后，李梦阳的《乾陵歌》、王尚炯的《无字碑题诗》则直书为"无字碑"。可见，这一时期，"无字碑"已经成为约定俗成的称呼了。

与述圣纪碑的恢宏大气相比，无字碑在体量上有过之而无不及。无字碑是用一块完整的巨石雕琢而成，高7.53米，宽2.1米，总重为98.9吨，厚度1.49米，十分壮观雄伟。碑额未题碑名，碑额的阳面正中一条螭龙，左右两侧各四条，共有九条螭龙。碑的两侧有升龙图，各有一条线刻腾空飞舞的巨龙，栩栩如生。碑座阳面还有线刻的狮马图，长2.14米，宽0.66米。马的形象为屈蹄俯首，雄狮则昂首怒目，碑上还有许多花草纹饰，线条精细流畅。碑上已经画好了方线格，如果全部写满的话，大概可以刻上 6300 字。

其实，从 683 年高宗去世到 705 年武则天去世，乾陵是在武则天亲自参与、规划和指挥下修建的，耗时长达 22 年，武则天似乎有足够的时间考虑为自己立碑的事情，她为什么没有着手呢？长期以来，关于无字碑空无一字的原因众说纷纭。

第一种说法，武则天立无字碑是用以夸耀自己，功高德大用文字无法表达。

第二种说法，武则天立无字碑是因为自知罪孽深重，感到还是不写碑文为好。武则天从地位较低的"才人"，到掌握大权的皇后，再到最后称帝、改国号。在政治上，培养党羽、建立武氏集团，并打着李唐的旗号，消灭异己。她任用酷吏，设立"举报箱"实行告密和滥刑的恐怖政策。武则天自感无法为自己立传，而只能以无字碑来向世人谢罪。

第三种说法，武则天立无字碑，是智慧之举。她知道对自己的一生，人们会有各种各样的评价，碑文写好写坏都是难事，因此决定功过是非留给后人去评说。武则天是个治国之才，她既有容人之量，又有识人之智，还有用人之术。而武则天有自知之明，她不让刻字，那是因为她认识到，一个人的功过是非，不应自己说，还是留待后人评论。

第四种说法，武则天一生笃信佛教，利用佛教的宣传为自己上台造势，所以在死后，她沿用了佛教中"万事皆空不用说"的态度，立下无字碑。

第五种说法，无字碑为武则天之子唐中宗李显所立。武则天是中国历史上唯一的女皇帝，在她死后，李显作为她的儿子该称武则天为大周皇帝，还是称其为大唐高宗皇后好呢？如褒扬武则天，需要刻上"大周天册金轮圣神皇帝"，作为李唐子孙感情上不情愿；如果贬斥武则天，需要刻上"则天大圣皇后"，但她明明做过15年的"武周"皇帝。在李唐王朝中穿插进一个15年的"武周"政权，多少算是奇耻大辱。于是，李显为了雪恨，不给母亲武则天写一个字。

不过，1982年，河南登封一位老农民无意间的发现，或许可以为我们提供线索。

二 武曌金简被发现

1982年5月，河南登封。

家住嵩山附近的农民屈西怀和往常一样，背着竹篮登上嵩山去采药，经常登山的他，每次在登上山顶的时候，总会坐在石头上休息。正在这时，他发现巨石的缝隙中有黄色的东西晃了一下眼。经过仔细观察，他发现了石缝中原来是一张黄色的"纸"，在好奇心的驱使下，他经过几个小时的努力，终于把它给抠了出来。当屈西怀拿到手中的时候，他发现自己判断错了，这并不是一张纸，而是一个刻着字的金片。后来，屈西怀几经辗转，将金片交给了当地的文物部门。专家经过鉴定之后，终于弄懂了这块金片的来历，这枚金片属于武则天，是武则天嵩山封禅时向上天递交的除罪金简。

由于武则天的陵墓尚未打开，这枚金简时至今日依然是武则天的唯一一件文物，其价值已经不是金钱能衡量的，为了奖励屈西怀主动上交，县里还奖励了他 1500 元。这个金简长 36.2 厘米，宽 8 厘米，重 223.5 克，上刻双钩楷书 63 字，原文是："上言，大周圀主武曌好乐真道长生神仙，谨诣中岳嵩高山门，投金简一通，乞三官九府除武曌罪名，太岁庚子七月甲申朔七日甲寅小使臣胡超稽首再拜谨奏。"意思是，大周国皇帝武曌信奉道教，羡慕长生，故派小使臣胡超到嵩山天门山投掷金简一枚，祈求三官九府能够对武曌除罪消火。落款为武周久视元年（700 年）七月七日。它是武则天留存于世的除罪金简。

除罪金简又名武曌金简，这是迄今为止被发现的唯一的武曌金简。

除罪金简上只有短短 63 字。读完 63 字，耗时不足 30 秒；读懂 63 字，也就读懂了武则天的一生。而从"除武曌罪名"这 5 个字，我们应该能体会晚年武则天的内心纠结，她是在为自己杀伤力巨大的一生而后悔，希望能得到上天的原谅。

中国古时历代皇帝为永葆江山和个人平安，都曾亲率大臣到祖国名山大川，筑坛焚香，祷告上苍，向天地诸神祈祷平安，并将写好或刻好的表明心迹的简策（册）埋到土内或投入土中，这就是古代帝王的封禅活动。武则天虽然当了皇帝，但还是一个女人，尤其是在晚年时，她愈发开始为年轻时做过的错事而自省和悔悟，所以在 77 岁时特意登上了嵩山，进行了封禅大典，以求免罪和心安。

或许有人会有疑问，帝王封禅都是在泰山，为何武则天要选择嵩山？这是因为武则天曾跟着唐高宗去过了泰山封禅，如果她再去泰山，或许上天不仅不会保佑她，还会责罚她，毕竟她在抢夺天下的路上，杀了太多的人。抑或是因为年届八十的武则天，在体力上难以承受往返泰山的舟车劳顿。不过，与高大的泰山相比，嵩山的地位亦不可小觑。

《史记》中载："昔三代之居，皆在河洛之间，故嵩高为中岳，而四岳各如其方。"这表明古人视嵩山及其周围地区为天中地心，地位超然。嵩山是中华文明的圣山，夏代的开国之君启就是在嵩山降生的，夏人认为嵩山是他们的祖山。周人认为自己是夏人之后，亦视嵩山为圣山。武则天一直以周人后裔自居，她亦因此定国号为"大周"。武则天在登上皇位后，效法周武王封禅嵩山，更是为庆祝封禅成功，改年号为"万岁登封元年"，并将嵩阳县改名为登封县，改阳城县为告成县，取"登封告成"之意，以示其封禅大典大功告成。所以从这一系列动作来看，她是为大周求得名正言顺，她来封嵩山属于天经地义。

除罪金简为我们还原了一个有血有肉的武则天，同时也为人们道出了她树立无字碑的秘密。

三 是非功过任评说

作为中国古代王朝中绝无仅有的女皇，武周皇帝一生饱受争议。史学界对她的评价比较复杂，有褒有贬。毕竟，她一生中既做过利国利民的实绩，又曾大兴土木浪费民力、任用酷吏残害忠良；在个人私生活方面，还大张旗鼓地养男宠，以致后人无法用简单的"有为明君"或"无道昏君"对其盖棺论定。

这位女皇帝的功绩足以让后世的许多男皇帝汗颜。大唐（武周）立国未久，政治尚存时弊，这位女皇顺应时代发展，对当时的政治进行了一番大刀阔斧的改革。在后半生中，武则天巩固了王朝的中央集权，延续了贞观盛世，她的多种良政造福后世，政绩斐然。不过，人非圣贤，政绩昭昭的女皇帝也有"阴暗面"。

为了巩固中央集权，这位女皇帝任用了大量执法严苛的酷吏，残害朝中大臣。在打压政敌的过程中，武周皇帝默许手下酷吏罗织罪名、滥用私刑，逼死了许多能臣。为了粉饰自己的武周政权，武则天好大喜功，兴修土木。她效仿远古时期的皇帝，造天枢、铸九鼎，倾尽全国之力修建"明堂"。尤其是晚年的女皇，愈加一意孤行，日常生活铺张浪费、挥金如土，虚耗国力。

在人物评价方面，我国古代的官方史书往往采用二元论，说到某人时，非黑即白。毕竟，在男性话语权占绝对主导地位的古代王朝，时人往往会对女性统治者心存偏见。总的来说，武则天属于开天辟地的那种人,后世对这位女皇的评价非常多元。当然,在关于武则天的史料中,随处可见史官刻意抹黑她的痕迹。

纵观武则天的一生,她从木材商人的女儿成长为后宫中的昭仪,一步步坐上皇帝宝座,其中的坎坷与艰辛常人难以想象,相比于表面的光鲜,武则天背后的付出与努力无人知晓。其实,这位女皇帝虽不完美,但相比于史上的暴君,她的功劳占据主流,过错也不可能仅仅以普通人的道德标准来衡量。

千百年来,许多人在猜测武则天立无字碑的意图。有人认为,在临终前,武则天预见到后世对她的负面评价,这位聪明的女皇帝想了一个独特的法子,在自己的陵墓之上树起一块无字碑。为自己开碑立传者不胜枚举,但立无字石碑的做法却是前无古人的。更有人猜测这块无字石碑就像"无字天书"一样大有玄机。

705 年"神龙政变"之后,武则天被迫退位,留下遗嘱:"去帝号,称则天大圣皇后。"结合遗嘱和金简的内容,我们便能推测出武则天立无字碑蕴藏的秘密——她之所以这么做,并不是觉得石碑写不完她的功德,也不是觉得她的功过任由后人评说,更不是她对生前的所作所为后悔了,而是被逼无奈。

其实，武则天生前已经撰写好了碑文，并交给了她的儿子李显。武则天叱咤风云几十年，"神龙政变"后，82岁的她被迫让位给李显，将国号"周"恢复为"唐"。李显虽是武则天的亲生儿子，却长期在惶恐中度日，年轻时被母亲安排上位，后又被废，重登皇位后虽然不能发泄憎恨，但也讲不出对母亲歌功颂德的好话。在腥风血雨的政治斗争中，冯小宝、张易之以及张昌宗这三个人都是武则天身边最受宠的代表，他们虽然表面上看似武则天的新宠，但在背地里却总是插手国家的政治，对当时国家的发展产生了非常不利的影响。面对新宠插手政治的做法，武则天并没有过多干涉，而是采取纵容的态度；她还以各种罪名杀死了自己的孙子懿德太子、孙女永泰公主，而这更是中宗的亲生子女。也许是武则天年老昏聩，也许是儿子越来越不满母亲的专断，所以朝中发生了新的动乱与政变。最终，公元705年，武则天被迫退出了政治舞台，在这一年，武则天也离开了人世。

实际上，武则天是打算在这块石碑上写字的，毕竟在阳面上已经打好了刻字需要的方格线，但她没有想到臣子们会趁她生病时发动政变，所以碑文并未来得及刻上，她就被赶下了台。这样一来，为武则天刻碑文的重任自然就落在了武则天的儿子唐中宗李显的头上。李显对母亲的感情是复杂的。作为儿子，为母亲歌功颂德天经地义，可是母亲曾经差点要了他的命。如果述恶，又会让他的母亲遗臭万年，这与传统的孝道不符。

由于武则天在唐朝时期的定位比较尴尬，加上武则天去世后，政局大乱，先后换了多位皇帝，对于如何撰写碑文以及如何评价武则天，一直争论不休，无法盖棺论定。没完没了的讨论，导致无字碑的碑文始终空着。这块无字碑最终成了难解之谜，有碑无文，但可以说是"无文胜有文"，既是谜案也是趣谈。

在某种程度上，空无一字的无字碑与高大恢宏的述圣纪碑作用是对等的。它们静静地矗立在那里，似乎在诉说着那段难以复制的历史，见证着人来人往匆匆过客。不过，在乾陵游览，只要你足够细心，你会发现"无字碑"上隐隐约约还是有字的。国人向有"某某到此一游"的涂鸦，那些有刻写嗜好的游人来到乾陵，见声名远播的无字之碑，岂肯错过"露一手"的机会？所以，"无字碑"树立不久，便成了"有字碑"。上面发表的"作品"大多系无名氏手迹。字迹潦草歪扭，密密麻麻，大小不一，长短不等。既有汉字，也有少数民族文字，大多偷偷刻画在底部或边沿。由于年深日久，风剥雨蚀，绝大部分已无法辨认。其中有一处非常特别，是金天会十二年（1135 年）用女真文字刻写的"到此一游"，字迹比较清晰，很多游客看不懂，幸好旁边有汉文做了翻译："大金皇弟都统经略郎君行记。"这些文字是用拼音文字契丹小字写成，有对译的汉文，是解读契丹小字入门的主要依据。金灭亡后，女真文字已失传。能留有一段文字实物，也为研究女真文字留下宝贵资料，实属歪打正着，无意有心。金代的乱涂乱画，却因机缘巧合成了稀世珍宝，同样见证了历史。

褚遂良的房子

当下，住房问题让许多人感到困扰，渴望购置房产的人们常常在居高不下的房价面前望而却步，用较低的价格买到称心的房子成为不少人心中最大的愿望。一千多年前，唐都长安城中的居民有着类似的烦恼。像著名诗人白居易，年轻时赴长安参加科举考试，刚到京城，他带着自己的诗去拜会文坛领袖顾况。当顾况知道白居易的名字后，开玩笑说："米价方贵，居亦弗易。"意思是，想要在物价昂贵的长安城定居并非易事，居大不易。但是，唐初有一位朝廷官员褚遂良，他是唐代的大书法家，也是著名的宰相，他在长安买到了一套低价房，令人羡慕。

然而，这套低价房不仅给他惹出了不小的麻烦，还在政界引发了一场震动。那么，褚遂良是怎样买到低价房的？这起购房案背后隐藏着怎样的政治风波呢？

一 弹劾重臣

唐高宗永徽元年（650年）十月，监察御史韦思谦弹劾中书令褚遂良，原因是褚遂良用明显低于市场价的价格强买了他人的宅地。褚遂良是中书令，官居正三品，属于宰相职位。当朝宰相被弹劾自然是一件引人议论的大事，而当事人特殊的身份进一步增加了案件的复杂性。

被弹劾的褚遂良不仅是当时的高官，更是辅佐当朝皇帝唐高宗顺利继位的元勋。唐太宗李世民在位期间，褚遂良凭借出色的学识和杰出的书法水平深得太宗信任，他的书法代表作如《孟法师碑》《雁塔圣教序》等均是传世经典，唐太宗为纪念功臣所建的凌烟阁也是由褚遂良题字，风头一时无两。贞观十七年（643年），当时的太子李承乾因谋反罪而被废黜，唐太宗一度想立魏王李泰为太子，而褚遂良和国舅长孙无忌则极力劝说太宗立晋王李治为太子，最后太宗改变了主意，李治被顺利立为太子，这就是后来的唐高宗。太子之争结束后，褚遂良的地位自然是逐渐提高，贞观二十二年（648年），他已经官至中书令，步入宰相之列。第二年，唐太宗在弥留之际召见了长孙无忌与褚遂良，将太子李治托付给他们，下令褚遂良起草遗诏。在李治继位后，长孙无忌和褚遂良成为高宗朝初期最重要的大臣。然而永徽元年（650年），距高宗登基仅仅过了一年，褚遂良权势正盛之时，韦思谦竟敢向他发难，这是怎么回事呢？

韦思谦也不是碌碌之辈。据《旧唐书》记载，韦思谦曾对人说过："御史出都，若不动摇山岳，震慑州县，诚旷职耳。"意思是，御史离开长安去地方上巡查时，如果不能动摇一方，震慑州县的官员，就是失职。从这些言语中，我们可以发现韦思谦是一位不畏权贵、刚正严明的监察官。在弹劾褚遂良时，韦思谦是有充分证据的，他竟然知道褚遂良买房的价格等细节。褚遂良肯定不会宣扬自己低价买房的不光彩行为，说明韦思谦有可能是从另一方当事人那里得到的消息。那么，这位低价卖房的人是谁呢？他名叫史诃耽，也是一名官员，时任中书省译语人。什么是中书省译语人呢？据《资治通鉴》记载："中书掌受四方朝贡及通表疏，故有译语人。"史诃耽的工作是在中书省负责朝贡的翻译工作，而作为中书令的褚遂良正是他的顶头上司，这样一层关系，为褚遂良"低价购房"提供了方便。史诃耽的品级远低于中书令，为何史诃耽能拥有令褚遂良心动的宅地呢？面对上级的压迫，史诃耽并没有忍气吞声，而是在暗地里将低价卖房的事情告诉了韦思谦。

说来也巧，地不爱宝，20世纪80年代，宁夏固原出土了《史诃耽墓志》，墓志中记载，这位墓主人的来历非同寻常。相信大家也发现了，"史诃耽"这个名字并不像一般的汉名，史诃耽正是来自中亚史国的侨民。史国是昭武九姓之一，为粟特人，作为一个富有特色的商业民族，粟特人活跃在丝绸之路干线上，是汉唐时期东西方贸易的主要承担者。据史诃耽的墓志记载，他"门驰千驷""家累万金"，这些词是夸他们家族通过经商积攒了巨额的财富。史诃耽在做官的同时，也没有放弃粟特人爱经商的习惯，他丰厚的家产是通过数十年的商业活动积累的，身价万金的史诃耽拥有足够吸引到当朝宰相的"豪宅"，也就不足为奇了。

玄奘的《大唐西域记》一书中记载，粟特商人"父子计利，财多为贵"，意思是，粟特人连父子之间都要为钱财斤斤计较，自然不肯容忍他人对自己财富的侵占。另外，史诃耽在当时的政局中也不是一位普通的官员，他先后经历了隋、唐两朝。隋朝开皇四年（584年），史诃耽出生于原州（今宁夏固原），后在隋朝任官。隋唐更替之后，他又主动降唐，当上了上骑都尉的勋官。唐武德七年（624年），他开始负责在宫城北门"供奉进马"，也就是管理各国进贡的马匹。所谓"北门"就是赫赫有名的"玄武门"，武德九年（626年）秦王李世民在此发动兵变，铲除了自己的两位兄弟——太子李建成与齐王李元吉，成功登上皇位。玄武门之变后，史诃耽晋升为五品的牧监正监，我们可以推测，他之所以能升官，是因为在这场宫廷政变中站到了李世民一方。不久，史诃耽凭借过人的语言能力转任中书省的翻译。进入中书省这一国家核心机构，标志着他的仕途迈上了新台阶，这时的史诃耽怎会想到，正是中书省的任官经历将他卷入了政治的旋涡。

通过对当事人背景的梳理可以看出，本案的幕后原告史诃耽是一名财力雄厚的功臣，被告褚遂良则是朝廷中仅次于长孙无忌的二号人物，弹劾褚遂良的韦思谦则是一位以公正严明著称的监察官员。三人各具特色的身份会对本案产生怎样的影响呢？

二 案件审理

接到韦思谦的奏书后，唐高宗立刻命令大理寺来审理此案。

大理寺是当时国家的最高审判机关，负责审理朝廷文武百官犯罪以及在京城发生的、可能被判处徒刑以上的案件。经调查，褚遂良低价购买史诃耽宅地一案事实清楚。按照《唐律疏议》第11卷《职制》第142条的规定："诸贷所监临财物者，坐赃论……若卖买有剩利者，计利，以乞取监临财物论。强市者，笞五十；有剩利者，计利，准枉法论。"在本案中，褚遂良用不合理的价格购买了宅地，从而获取了一定的经济利益，这种做法犯了"卖买有剩利罪"，也就是通过买卖来牟利的行为。这种行为也不是单纯的市场行为，因为所监临官是利用职务之便利，为自己谋取非法利益，是为贪赃罪。按照规定，犯这项罪名的人最低笞五十，最高流放三千里。史诃耽是一位前朝功臣，但他的势力与影响力远不能与褚遂良这样的宰相比。经过审理，大理寺丞张山寿判处褚遂良罚铜二十斤，免于刑事处罚。

宰相受到了处罚，褚遂良当然对这个结果不满意。大理寺的二把手大理少卿张叡册平时与褚遂良关系不错，他为褚遂良说话，说在本次交易中，房屋售价由官方估定，不存在问题，应判褚遂良无罪。这里牵扯估价的问题。唐朝政府对商业贸易的管理十分重视，从京城到地方府州都有专门的管理机构和人员，长安城中的市署、平准署都有监督物价、公平交易的职责。

宅地的估价可高可低，作为当朝宰相，褚遂良利用手中的权力影响估价并不是一件难事。但是，执法严明的韦思谦发现了张叡册辩词中的问题，他反驳道："官市可以由政府确定价格，褚遂良与史诃耽之间是私人交易，怎么能用官估呢？"通常来说，受到官方定价约束的只是"官市"，而私人交易则不受"官市"的约束，张叡册无疑是在偷换概念。在确凿的事实面前，褚遂良无言以对。最后，褚遂良被贬为同州刺史，大理少卿张叡册也因为"舞弄文法，附下罔上"而被贬为循州刺史。问题又来了，同样是被贬，同州就在长安附近，而循州却远在岭南，也就是今天广东一带，一近一远。为什么直接当事人被贬得近，而间接当事人被贬得远呢？

《唐律疏议》第30卷《断狱》第487条"官司出入人罪"规定："断罪失于出者，各减五等。"在这次案件中，张叡册是断罪失误，应当减褚遂良之罪的五等来治罪。张叡册受到的处罚明显重于褚遂良，唐高宗出于怎样的考虑而做出这样不符合法律规定的判罚呢？

前面说过，唐高宗从被立为太子到顺利登基都离不开长孙无忌和褚遂良二人的助力，但二人的辅佐在高宗看来也是一种压力。由于两人功高权重，在朝廷中根基繁茂，所以高宗常会受到他们的掣肘，这对渴望大权独揽的帝王来说是难以忍受的。不过，这时高宗仍需依靠长孙无忌与褚遂良来管理国家政务，另外，高宗才当了一年皇帝，羽翼尚未丰满，还不具备扳倒二人的能力。在这种情况下，唐高宗没有重罚褚遂良，而是暂时将他调离朝堂，这样做既给褚遂良留了面子，又可以在一定程度上敲打褚遂良和长孙无忌。至于褚遂良的党羽张叡册，高宗处理起来就毫不手软了，把他远贬岭南。这不仅可以打击褚遂良的势力，还有助于树立高宗的威信，如此一番安排真是煞费苦心。

褚遂良、张叡册被贬后，购房案暂时告一段落。然而五年后，本案的几位当事人又与一场重大政治事件产生了关联，事情出现了反转。他们的命运将走向何方呢？

三　风波再起

永徽六年（655年），宫廷中发生了一件改变王朝命运的大事，唐高宗准备废掉王皇后，改立武昭仪也就是后来的武则天为皇后，这一决定遭到了长孙无忌和已返回京城担任尚书右仆射的褚遂良的坚决反对。据《资治通鉴》记载，褚遂良极力劝谏高宗，甚至"置笏于殿阶，解巾叩头流血，曰：'还陛下笏，乞放归田里'"。褚遂良把上朝用的笏板放在地上，对着高宗使劲磕头直到流血，并言辞激烈地表示自己要辞官归乡。看到褚遂良的过激行为，唐高宗命人把他带出去。躲在帘子后面的武则天也是怒不可遏，大喊一声"为何不杀了这个坏家伙！"顿时殿堂之上乱作一团。

此时的高宗与继位之初相比有了巨大的变化，他在朝廷中的威望与日俱增，在武则天以及另一位元老李勣的帮助下，具备了对抗长孙无忌和褚遂良的力量。这一年的十月，高宗下诏立武则天为皇后，两年后褚遂良以谋反的罪名被举家贬往爱州（今越南清化一带），又过了一年，褚遂良在当地抱憾离世，时年63岁。比起长孙无忌，褚遂良的结局还算好一些。显庆四年（659年），长孙无忌同样以谋反罪被罢去了官爵，流放到黔州，同年七月，被逼自缢而亡。长孙无忌死后，家产被抄没，近亲属都被流放到岭南。唐朝的开国功臣，两朝宰辅，皇帝的亲舅舅长孙无忌竟落得如此结局，不得不令人感叹政治斗争的残酷。长孙无忌等人倒台后，原先与长孙无忌、褚遂良关系密切的官员大都被贬官，而一些与他们关系不好的官员却得到了提拔。

在低价购房案中得罪了褚遂良的韦思谦，被迫离开朝堂回到地方担任县令，很多年都未曾升官。褚遂良倒台后，韦思谦终于得到了晋升，他在高宗统治后期出任了御史台的最高长官——御史大夫，武则天掌权时曾拜韦思谦为宰相。当然，除去曾经对抗褚遂良这一因素，韦思谦被不断重用得益于他卓越的行政能力以及刚正不阿的个性。与韦思谦相比，购房案中原告史诃耽，他的为官经历则更加出人意料，因为他跟随皇帝去了一趟泰山。

麟德三年（666年）正月，唐高宗与武则天登上泰山，举行封禅大礼。由秦始皇开启的帝王封禅是由皇帝向天告太平，对佑护之功表示答谢的礼仪，意在向天地昭告自身显赫的政绩。雄才大略的唐太宗多次想前往泰山封禅，但因当时经济还没完全从隋末战火中恢复而未能成行。高宗通过封禅不仅实现了太宗的遗愿，还向世人宣扬了自己的功绩。在封禅礼中扮演重要角色、负责主持亚献的武则天同样出尽了风头。封禅之后，武则天的地位进一步提升，"二圣临朝"的格局更加稳固。封禅大典的顺利举行使高宗和武后心情愉悦，随行官员也都获得了规格不一的奖赏。

《旧唐书·高宗本纪》这样写道："三品以上赐爵二等，四品以下、七品以上加阶，八品以下加一阶，勋一转。"在封泰山前，史诃耽还是游击将军这一从五品下的散阶，按照规定，封泰山后，他应当加一阶，升为从五品上的散官。但根据出土的《史诃耽墓志》记载："乾封元年，除虢州刺史。"正是因为随皇帝封禅之后，他直接升任虢州刺史，虢州刺史是从三品，唐代大部分宰相也不过是三品官，史诃耽可谓一步登天。应当注意，乾封元年（666 年），史诃耽已是八旬老人，此前一直在中书省从事翻译工作，并没有管理地方的经验，富有政治智慧的唐高宗和武则天当然不会真的让他去治理一方国土，虢州刺史这个职位属于给史诃耽的荣誉性奖励。在高宗朝并无突出政绩的史诃耽一下子获赠三品的高官，原因只能是他在早年对抗过褚遂良的行为，真是"三十年河东，三十年河西"，史诃耽成了武则天眼中的大功臣。

四　尘埃落定

总章二年（669 年），史诃耽病逝于老家平高县，享年 86

岁。永昌元年（689年），78岁的韦思谦在家中去世，死后获赠幽州都督，到这里，永徽元年低价购房案中的三位当事人全部辞世。这件案子本是一场简单的经济纠纷，不料在多种因素的作用下愈演愈烈，甚至被最高权力所左右，影响力远远超出了案件本身。现在让我们从当事人的角度入手，对本案进行简单的总结。

就购房案的判罚而言，原告史诃耽在监察御史韦思谦的帮助下打赢了官司，收回了宅地，被告褚遂良受到了处罚，本案的处理结果大体无误。但不能忽略的是，唐高宗出于政治考量，对褚遂良和大理少卿张叡册做出了不符合法律规定的处罚，可见古代王朝中的统治者常会根据自身利益来断案，尽管官方一再强调要"赏善罚恶，至公无私"，不过在这种情况下，"至公无私"是无法真正实现的。韦思谦和史诃耽得罪了褚遂良，多年没能升官，直到褚遂良在政治斗争中败下阵来，两人的仕途终于迎来转机：韦思谦官至宰相，史诃耽也进入了三品高官之列。

从长远来看，正义执法的韦思谦和敢于维权的史诃耽是最后的"赢家"，而史诃耽的维权行为不仅与性格和从政经历有关，还与他作为粟特人的商业背景有关。本案最令人唏嘘的当属被告褚遂良。事实上，褚遂良并不是一位可以定性为"贪官污吏"的人，他在为官数十年间对唐太宗、唐高宗两位君主一直忠心耿耿，为政踏实勤恳，敢于犯颜直谏，贞观之治和永徽之治的开启离不开褚遂良的功劳。从"生前身后名"的角度看，褚遂良的书法造诣深厚，为世人留下了多幅经典的书法作品。这样一个地位与才华兼具的朝廷重臣，却在华美的豪宅面前栽了跟头，贪图一时享受的褚遂良不惜用权力压迫同僚，还试图联合同党舞文弄法，结果不仅没能拥有"低价房"，反而遭到了处罚，成为他人生中的污点。

《史记》中有一句名言："天下熙熙，皆为利来；天下攘攘，皆为利往。"对物质利益的追求是很多人难以抵制的诱惑，但是我们应当牢记，只有合法取得的财物才可以长期拥有，巧取豪夺只能换来人财两空。从褚遂良房子的故事中，可以看出为政者应当吸取他的教训，权力只能用来为国家和人民服务，切不可任性妄为。

杨贵妃的下落

　　杨贵妃是唐玄宗的宠妃，她本名杨玉环，是中国古代四大美女之一，天生丽质，性格温柔，擅长歌舞，通晓乐律。正史记载她因为马嵬驿兵变而被愤怒的将士要求处死，但是后来一直没有找到她的遗体。千百年来，杨贵妃的下落成了一桩谜案。有人说她死于乱军之中，有人说她是吞金而死的，也有人说她根本没有死，而是到了日本。在电视剧《杨贵妃秘史》里，杨贵妃没有被处死，反而东渡日本，继续生活下去。很多人怀疑这种说法，但导演坚称"有迹可循"。更有意思的是，日本的老牌明星山口百惠在接受采访时说她自己就是杨贵妃的后人。在江河悬远的日本，也确实有一座杨贵妃的坟墓，那到底是什么情况呢？我们从兵变马嵬驿说起。

一 兵变马嵬驿

公元 756 年，"安史之乱"爆发，身为大唐的最高统治者，唐玄宗深感形势不妙，连夜带着一部分嫔妃以及禁军侍卫进行战略性转移，目的是转移到剑南。在途经陕西境内的马嵬驿时，随行的将士们说什么也不走了。因为士兵们很有情绪，他们认为完全没有必要转移阵地。当然，转移是迫不得已的说法，实际上是逃难去了。当前方部队屡战屡败的坏消息传来时，后方士兵们愈加恐慌。本来在开元盛世时期，这些士兵们习惯了过安稳的日子。突然，这种好日子被打破了，士兵们士气低落，心中的怨气无处可发。

马嵬驿士兵哗变的直接原因在于安史之乱导致皇帝的权威严重下降，压制不住下面的士兵。士兵们此次哗变，也是有底线的，谁也没有胆量把李隆基这个皇帝给杀了，以后说不定还要跟着皇帝再享受荣华富贵呢，那就必须找出一个替罪羊来出气。权臣杨国忠此前与安禄山有矛盾，所以安禄山起兵的借口就是"清君侧"。士兵们先把矛头对准了杨国忠，解了心中的一部分怨气。但杨玉环是杨国忠的堂妹，这些士兵担心杨玉环会为哥哥秋后算账。随后，将士们又将矛头指向了杨玉环。愤怒的士兵说，大唐之所以走向没落，在于女色误国，唐玄宗最宠爱的杨贵妃才是红颜祸水。于是，这些士兵们要求李隆基处死杨玉环，如果不答应就一直围在李隆基身边，给李隆基施加压力。

其实，唐玄宗在位的前期还是很励精图治的，"开元盛世"是他最大的功绩。随着承平日久，李隆基晚年昏庸无道，任用奸臣，喜欢与杨玉环沉迷于梨园之乐，这时的兵力是外重内虚，心怀异心的安禄山趁机造反。然而，唐军没有做好准备，在战斗中屡屡失败，无法阻止叛军的进攻。756 年 7 月，叛军在攻破潼关后逐渐逼近长安，唐玄宗仓皇之中，被迫逃往剑南。唐玄宗一行人马走到马嵬驿这个地方，士兵产生哗变，在这节骨眼上，李隆基提心吊胆，担心士兵们一个不高兴，把他也杀了，所以他不得不答应了士兵们将杨玉环处死的要求。

问题出现在两年后。马嵬驿兵变两年后，在一个夜深人静的晚上，几个人鬼鬼祟祟地出现在了马嵬驿上，悄悄地挖开了杨贵妃的坟墓，至于在找什么，不言而喻。据史料记载，唐玄宗在回到长安后，第一件事就是给宦官下密诏，让他们前去马嵬驿找到杨贵妃的尸体，但前去寻找的人并没有找到杨贵妃的尸骸，只找到了杨贵妃生前随身携带的香囊。这一细节并不是瞎说，《新唐书》和《旧唐书》中均有记载。不见贵妃，唯见香囊，杨贵妃的下落成了谜。

二 未知的下落

关于杨贵妃的下落，目前有四种说法。

1. 死于军中说

比较主流的观点是"死于军中说"。当时，李隆基出面对以陈玄礼为首的禁军说："杨国忠扰乱朝政，致使安史之乱，应该诛杀，但杨玉环只不过是一个女人，并无罪过啊。"然而，愤怒的士兵们却认为杨玉环是红颜祸水，安史之乱就是由杨国忠、杨玉环兄妹引起来的，不诛杀杨玉环难以安慰军心，重振军队的士气。于是，士兵们继续包围着李隆基，强烈要求李隆基下旨诛杀杨玉环。

杨贵妃被赐死时，年仅 38 岁。因为是在逃亡途中，连棺材板都无法备好，只好用紫褥包裹了尸体，葬于驿道边。然后，唐玄宗带领大家一路西逃，终于翻过了秦岭。第二年，唐玄宗已经是太上皇了，他下命令将杨贵妃的遗体找回，进行隆重的改葬。但是，来找寻贵妃墓地的士兵将坟墓打开之后，只见"肌肤已坏，而香囊仍在"，肌肤都腐烂了，但挂在贵妃胸前的香囊还在。这也为后人留下了疑问：到底是尸体烂得快，还是香囊烂得快？尸体都没有了，怎么香囊还在？这里边到底有什么玄机？

杨玉环死于乱军之中的说法，是来自杜甫、杜牧等人的诗词所描述的内容。除了死于军中说外，还有一种死法与此类似，那就是杨玉环死于吞金，这来自刘禹锡的诗词。

2. 流落日本说

为何会说杨贵妃没死，而是去了日本呢？《旧唐书》上记载："上即命力士赐贵妃自尽。玄礼等见上请罪，命释之。"陈玄礼将军听到杨贵妃的死讯后，在欢呼的士兵面前，他脱下自己的军装亲自向皇帝请罪，这说明了他不敢验看杨贵妃的遗体。具体执行缢死杨贵妃的人是谁呢？实际上是高力士。只要他稍稍做手脚，杨贵妃就可能免死。

有人分析杨贵妃并没有立即死亡，而是逃到了日本，原因有四点：第一，她为人宽厚，在宫里不得罪人，大家对她很有感情；第二，在逃难的过程中，调节玄宗与军队各方面关系的是寿王李瑁，他是杨贵妃的前夫，他有可能会帮她一把；第三，高力士帮助，高力士与杨贵妃关系匪浅，她先当道士，再改嫁唐玄宗，都是高力士设计的，他不可能亲自把她勒死；第四，杨贵妃的侄子杨暄帮助，他身为驸马，官居鸿胪卿，他有可能为杨贵妃东渡日本提供帮助。因此，杨贵妃坐船逃走，一直漂流到了日本。

如今，位于日本山口县油谷町的二尊院，院内真有一座名为杨贵妃的坟墓，并藏有两本古文书记载着当地关于杨贵妃的传说，内容是这样的：唐天宝十五载七月，一艘空舻舟漂流到向津具半岛西侧的唐渡口，这艘船漂流了很久，而船上有位气质出众的美女躺着，随侍在侧的侍女表示这位是唐朝天子玄宗皇帝的爱妃杨贵妃。

之后，救了杨贵妃的当地居民细心照料杨贵妃，但还是回天乏术。当地人将她葬在可以看见海的久津丘上，而这个坟墓就是位于当今二尊院内的五轮塔。由于当地人认为参拜杨贵妃的墓可以实现"心想事成"，所以有相当多的信众聚集在此。在遥远的长安，爱恋着杨贵妃的唐玄宗每天心情悲伤，某一天晚上他果真梦到了杨贵妃。在梦中，杨贵妃告诉他："三郎，我已经漂流到了日本，但因身体虚弱而离开了人世。不过自己本来就不属于人间，我们两人总有一天会在天上相见。"

在日本的二尊院内，除了有杨贵妃的坟墓以外，还有一尊白色的杨贵妃像，院内还种植着 30 株原产于中国山东省的杨贵妃最爱吃的肥城桃。二尊院所在的油谷町也被称为"杨贵妃之里"，町内还有卖特产"杨贵妃面包"，可见杨贵妃墓在当地已经成为"网红"景点。

3. 漂流美洲说

除了流落日本说外，还有更为传奇的说法，说杨贵妃远走美洲。这种说法并不是主流学界的观点，而是中国台湾的卫聚贤所提出的。卫聚贤在其所著的《中国人发现美洲》一书中声称，有很多证据证明杨贵妃并没有死在马嵬驿，而是被人带到了遥远的美洲。

漂流美洲说，实在是比较荒谬的观点。因为在地理大发现之前，中国人对于美洲到底存不存在的认知暂且不说，最根本的原因在于亚洲与美洲的距离实在太远，当时的交通工具和航海技术也不支持这种天马行空的想法。

4. 流落民间说

早在 20 世纪 20 年代，俞平伯在《〈长恨歌〉及〈长恨歌传〉的传疑》一文中认为，《长恨歌》记录了一件皇家逸闻，杨贵妃在马嵬驿并没有被赐死，后来她换装隐逃流落民间。史学界还有人认为，当时只是赐死了一个宫女当作替身，以假乱真罢了，实际上杨贵妃只是被贬为庶人，流落于民间。既然"马嵬驿下泥土中，不见玉颜空死处"，说明杨贵妃并没有死，后来唐玄宗又派遣方士四方寻找。"上穷碧落下黄泉，两处茫茫皆不见"，实际上暗示杨贵妃没有香消玉殒，命丧黄泉，而是流落到了玉妃太真院，再次当了一名女道士。

其实，杨玉环尸体的下落有两种可能。一是李隆基派出寻找杨玉环尸体的士兵，可能已经不是当年的士兵了，或者在当年没有参与过埋葬杨玉环的尸体，或者时间太长记不清楚了，根本就没有找对地方。二是士兵们挖的坟墓浅，杨玉环的尸体已经腐烂了。如今，在陕西兴平的马嵬驿，有一个杨贵妃的墓，只是如今的贵妃墓已经变成了明丽的大殿堂，里面是石头刻制的贵妃像。

三　死因与渊源

随着时间的推移，关于杨贵妃之死的传说越来越生动具体，不过离史料记载也越来越远，戏说的成分越来越大。在中国传统社会中，皇帝对一个妃子过分宠爱本不算一件特别的事，唐玄宗对杨贵妃的宠爱也绝不是造成安史之乱的根本原因。安史之乱是多种矛盾共同作用下导致的兵乱。可是，与理解纷繁复杂的家国大事相比，人们宁愿喜欢谈论帝王的爱情。杨贵妃的惨死是否罪有应得？这一问题自然而然地引起人们的讨论。在多种因素的作用下，寄托人们对唐玄宗和杨贵妃怀念之情的传说随之产生。又经过半个多世纪的民间流传，最终演变成为"情之所钟，帝王家罕有"的带有悲剧色彩的故事。在这方面，《长恨歌》的出现与传播功不可没。

《长恨歌》是著名诗人白居易创作的一首长篇叙事诗。第一段写唐玄宗和杨贵妃的爱情生活、爱情效果，以及由此导致的荒政乱国和安史之乱的爆发。第二段写马嵬驿兵变，杨贵妃被赐死，以及此后唐玄宗对杨贵妃朝思暮想，深情不移。第三段写唐玄宗派人上天入地到处寻找杨贵妃，以及杨贵妃在蓬莱宫会见唐玄宗使者的情形。诗歌的中心思想是批评唐玄宗重色误国导致安史之乱，同时又同情唐玄宗和杨贵妃的爱情悲剧，歌颂他们生死不渝的爱情。白居易并不是现场的见证人，只是道听途说了一些故事情节，加上自己的情思而改编成诗词，故而《长恨歌》可信度并不高。

1. 《长恨歌》的可信度并不高，为什么影响力那么大？

　　白居易生活的年代离杨贵妃的死亡时间相距不远，他所创作的《长恨歌》影响深远。全诗的艺术价值较高，认为唐玄宗既是悲剧的制造者，又是悲剧的承受者。白居易不仅仅是诗人，也是舞文弄墨的高手，他在写唐玄宗的罪责时，注意点到为止，尽量不太损伤他们真实的历史形象，从而保证了爱情悲剧故事前后的和谐统一。当然，诗词与小说性质差不多，都有夸张、虚构等形式，诗人们为了写出好的诗词，运用各种手法，甚至更改历史事实，颠倒黑白，所写的人物经历异常惨痛，博取大众的同情心，触动人们的心灵，这样的作品才能更好地传播。

由于《长恨歌》写的是帝王和后妃的爱情悲剧，也由于诗人对他所写的这个悲剧不是持完全批判的态度，表现的思想情绪比较复杂。唐玄宗晚年对杨贵妃的思念，不仅仅是死别之苦，更重要的是生离之恨。"六军不发无奈何，宛转蛾眉马前死。花钿委地无人收，翠翘金雀玉搔头。君王掩面救不得，回看血泪相和流。"这是《长恨歌》中交代的死因。意思是，天子仪仗仓皇，西出长安百里之遥。卫队不肯行进，唐玄宗无奈下诏，贵妃无法反抗，只好香消玉殒。杨贵妃的遗物洒满一地，白玉簪、金凤钗、珠翠翘……都曾是皇帝亲自赠予的细软，也是他们爱情的见证。但宠爱她的帝王如今也是势力已去，唐玄宗万般无奈。再一回首时，睹物思人，止不住泪流成河。

白居易创作《长恨歌》的元和初年，正是安史之乱后百弊积结的中唐，当时社会政治腐败、经济凋敝，内有藩镇割据，外有吐蕃侵扰。普遍存在的怀念盛世、不满现实的社会思潮，反映到文学领域中，产生了一股新的创作潮流，即以回忆开元天宝时代的社会生活为题材的创作潮流。中唐时期的人们目睹了时代的沧桑巨变，不满于社会分裂、动乱的现实，怀念盛唐的统一、安定与繁荣。上至君臣之间，下至文人聚会、歌楼酒馆、街谈巷议，在社会各阶层中形成了爱谈论开元天宝遗事的风气，由盛转衰的教训也是人们普遍关心和探讨的问题。

不仅在文学领域，文人们热衷于收集开元天宝时代的种种传说，写成了杂史或传奇小说；在史学领域，人们也尝试收集稗官野史及参与创作，如唐代李肇《唐国史补》、郑处诲《明皇杂录》、卢肇《逸史》等。这些广泛流传的传说，又为诗歌提供了丰富的题材，诗人们或回忆盛世、盼望中兴，或抚今追昔、感伤国运，或借昔讽今、针砭时弊。

白居易的《长恨歌》即以史学题材为依托，以文学为外衣。《长恨歌》角度新、变化多、情感炽烈，既生动、形象、凝练，又婉转、流利、韵律性强，使人传诵不绝。正是由于文学手法的加入，杨贵妃的死因随着《长恨歌》的普及而深入人心。元代白朴的杂剧《唐明皇秋夜梧桐雨》、明代吴世美的传奇《惊鸿记》、清代洪昇的传奇《长生殿》等，在构思上都曾受到《长恨歌》的启发，杨贵妃的形象也在文学层面上获得了永生。

2. 杨贵妃流落日本说，也与《长恨歌》有关

学界认为，《长恨歌》是因《白氏长庆集》的东渡而在日

本逐渐流传开来。《长恨歌》传入日本后，"举世皆学之"，而且"盛而不衰"。它不仅被收录到《千载佳句》《和汉朗咏集》《新撰朗咏集》等书中广为传诵，而且受到上至天皇、下至平民的普遍欢迎。《长恨歌》在日本的广泛传播，引发了日本作家对唐玄宗和杨贵妃爱情故事的浓厚兴趣，使《长恨歌》的故事不断出现在日本文学作品中。

日本平安时代的宫廷女作家紫式部于 11 世纪写成的长篇小说《源氏物语》，不但直接引用了《长恨歌》的词句，而且述及《长恨歌》的故事。从 17 世纪初开始，一种被称作"假名草子"的通俗性短篇小说盛行日本，而中国的传奇小说是其题材的重要来源，如《杨贵妃物语》即取材于白居易《长恨歌》和陈鸿所撰写的《长恨歌传》。

除了古代日本，近现代日本学人也对杨贵妃投来了关注的目光。当代日本作家渡边龙策收集了杨贵妃在日本的传说，创作了《杨贵妃复活秘史》。当代日本文坛泰斗井上靖也花费了很大的精力，创作了历史小说《杨贵妃传》。除了文学界，史学界的关注也很多，像日本著名史学家气贺泽保规所著《绚烂的世界帝国：隋唐时代》也对此有关注。可以说，《长恨歌》的故事在日本已成为一个经久不衰的创作源泉。一个是失败的帝王，一个是仙山的太真。唐玄宗的性格已经由"好色好淫"转化为"情痴情种"。作为读者，我们的态度也明显由讽喻转向同情了。日本人眼中的杨贵妃已经不是历史上真正的杨贵妃了，而是日本悲剧性的女性文学形象的代表。从日本杨贵妃的文化现象中，可见中国文化对日本文化影响之深远。

3. 杨贵妃真正的下落

在众多的死因面前，我还是坚持论从史出。先来看两种官方记载。《旧唐书》中记载："至马嵬，禁军大将陈玄礼密启太子诛国忠父子……力士复奏，帝不获已，与妃诀，遂缢死于佛室，时年三十八，瘗于驿西道侧。"《资治通鉴》中记载："上命力士引贵妃于佛堂，缢杀之。与尸置驿庭，召玄礼等入视之。"如果我们翻译一下，意思是：兵荒马乱之时，李隆基接受了亲随高力士的劝告，为了自保，不得已赐死了杨玉环。杨玉环被赐了三尺白绫，缢死在佛堂的梨树下。《唐国史补》中"命高力士缢贵妃于佛堂前梨树下"的叙述，当是受《长恨歌》"梨花一枝春带雨"的影响。

随着时代的推移，人们对杨贵妃之死的同情有了一种重新的认识。当然，也不排除在当今，某些地方大打杨贵妃牌，借杨贵妃的名气来带动当地的旅游业发展。爱情可以使生者死，可以使死者生，唐玄宗和杨贵妃的爱情故事千古流传。而离别之苦、相思之情，是古往今来几乎每一个人都会遇到的心灵感受。天长地久有时尽，此恨绵绵无绝期……

李白扑朔迷离的死因

电影《长安三万里》上映，对于很多喜爱唐诗和唐朝历史的人来说充满惊喜。在看电影的过程中，还会有一种找彩蛋的乐趣，语文课本上耳熟能详的名字如哥舒翰、郭子仪、高力士、李龟年、汪伦依次出现；王维、王昌龄、贺知章、孟浩然，一个个既熟悉又喜欢的诗人轮番登场；《将进酒》《燕歌行》《静夜思》《登鹳雀楼》，一共48首诗，有些诗歌甚至会引起全场大背诵。本篇我们不说唐诗，说说男主角之一——李白。不说李白的诗，来说说李白是怎么死的。这是千古疑案，从五代时期开始，坊间就对李白的死因众说纷纭。笔者梳理了一下，大概有四种说法：第一，服食丹药，中毒而死；第二，醉酒而死；第三，水中捉月，溺水而亡；第四，逐月骑鲸，羽化成仙。哪种说法更接近真相呢？

李白是唐代伟大的浪漫主义诗人，字太白，号青莲居士。他的诗歌豪放气派、想象力丰富，后人称他为"诗仙"。世人对李白的认知，多半停留在那些豪爽狂放、才华横溢、脍炙人口的诗句当中。然而，历史上真实的李白，其一生命运与诗文中的李白形象，却形同割裂。李白经历坎坷，既是一个天才的诗人，也是一个狂放不羁的性情中人。他喜欢饮酒、写诗、游历山川，爱好结交朋友，还有个外号叫"谪仙人"。

一　复杂的记载

1. 服食丹药，中毒而死

李白的出生地尚存争议，有说他是出生于四川江油，有说出生于湖北安陆，也有学者认为李白出生于碎叶城，但李白的成长地却没有争议，他成长于四川的蜀中地区，这从他的诗作中能够得到验证。李白年轻的时候已经入道，还正式接受过道教的符箓而成为一名道士。在入仕之前，他曾潜心修道，研习黄老之学。后来，李白得到唐玄宗的赏识，一度得宠，有高力士为他脱靴、杨贵妃为他研墨的传说。其实，对于李白为什么能得到这么高规格的待遇，我们往往忽视了两个细节。首先，唐玄宗本人崇信道教，他以道教始祖李耳的后人自居；其次，李白能够入朝不仅是因为自己的才能，还因为一个重要人物的引荐，这个人就是当时最有名的道士之一——吴筠。

青莲居士是李白的道号，道教徒出于对神仙方术的狂热追求，喜欢炼丹，当然也喜欢服食丹药。在李白眼中，炼丹以求长生不老是一种非同凡响的生活。羽化成仙是道教徒的追求之一，所以关于李白因服食丹药中毒而死的传说有一定的依据。李白的第四任妻子宗氏也是一名虔诚的道教徒，宗氏曾经拜庐山女道士李腾空为师，学习过神仙方术以及炼丹之术。这样看来，家庭中的道教氛围、夫妻双方共同的追求对李白产生了不小的影响。

在李白早年的诗作中，留下了大量关于炼制丹药、服食丹药的证据。比如，"时命若不会，归应炼丹砂"（《早秋赠裴十七仲堪》），"闭剑琉璃匣，炼丹紫翠房"（《留别曹南群官之江南》），"炼丹费火石，采药穷山川"（《留别广陵诸公》），"弃剑学丹砂，临炉双玉童"（《流夜郎半道承恩放还，兼欣克复之美，书怀示息秀才》）等。早年的李白对修道炼丹达到了近乎狂热的程度，他在诗作《题嵩山逸人元丹丘山居》写道："偶与真意并，顿觉世情薄。尔能折芳桂，吾亦采兰若。拙妻好乘鸾，娇女爱飞鹤。提携访神仙，从此炼金药。"在这首诗中，李白提到拙妻好乘鸾、娇女爱飞鹤，鸾鸟、飞鹤都是道教中的吉祥动物，说明他的妻子和女儿也同样喜欢炼制丹药。这首诗是写给道士元丹丘的，元丹丘号嵩山逸人，是李白认识多年的好友。从诗中可见，李白对于修道炼丹的狂热爱好并不亚于元丹丘。

李白十分痴迷炼丹、喜欢服食丹药，有人认为李白是因为服食丹药中毒而死，这似乎有一定的合理性。但是持这种观点的人，忽略了一个关键性因素，那就是时间背景。李白早年关于炼丹的诗作非常多，而晚年诗作寥寥无几。原因很明显，炼制丹药需要一定的物力、财力、精力。炼制丹药需要什么原材料呢？根据葛洪的《神仙传》记载，炼丹使用的原材料包括但不限于水银、朱砂、云母、硫黄、硝石、虎骨、鹿茸以及婴儿的胎盘等。每一种材料都十分珍稀和昂贵。

李白出身名门，早年才华横溢，很受唐玄宗的赏识。在朝中的地位如日中天，那时的李白自然会有足够的精力和财力去炼制丹药。晚年的李白穷困潦倒，一度失去了自由身，缺少精力和财力，哪有闲情逸致去炼制丹药呢？所以说李白因丹药中毒而死的说法是站不住脚的，也不合乎生活的常理和逻辑。

2. 醉酒而死

只要提及李白就不能不提到酒。可以说，饮酒、作诗是李白人生的两大关键词。

酒是李白生命里不可或缺的一部分，他的许多惊世之作都是在喝酒之后完成的。李白嗜酒成性，自称"酒中仙"，"酒中有诗、诗中有酒"。我们可以从李白的诗中随便举几个例子："人生得意须尽欢，莫使金樽空对月"（《将进酒》）；"举杯邀明月，对影成三人"（《月下独酌》）；"兰陵美酒郁金香，玉碗盛来琥珀光。但使主人能醉客，不知何处是他乡"（《客中作》）。从诗文中，我们感觉到李白似乎一生都在饮酒，自然而然，后人将李白去世的原因和饮酒过度联系起来，也有一定的道理。

说李白饮酒过度、醉酒而死不仅仅是当时人的猜测，还被写入官方正史中。编纂于五代后晋时期的《旧唐书》是现存最早的系统记录唐朝历史的一部史书，书中明确写到李白的死因是"竟以饮酒过度，醉死于宣城"。然而，死因写入官方正史中，是不是代表着盖棺论定了呢？

当然不是，我们首先从史料源头上来分析。《旧唐书》在史实的记载方面存在一些不足。到了宋代，宋仁宗就明确指出

《旧唐书》"过于浅陋"，于是命令欧阳修、宋祁重新编写唐史，这就是后来的《新唐书》。《新唐书》关于李白的记载，明确删去了《旧唐书》中饮酒过度导致死亡这一说法。

其次，刻意地删去说明了什么？说明了不认可，但这并不是欧阳修等人有意为之。史书的校订与编写首要原则是严谨客观，合乎历史的原貌。《新唐书》是对《旧唐书》的完善，从各个方面来说《新唐书》的质量均在《旧唐书》之上。此时，距李白离世已有两百余年时间，虽不能准确获知李白真正的死因，但欧阳修他们认为醉死的说法并不严谨。遗憾的是，《新唐书》也没有告诉我们答案。

3. 投水捉月，溺水而亡

李白喜爱喝酒，也喜欢赏月，有月亮、有美酒才是完整的李白，才是真正意义上的诗仙。

月亮在李白诗中可谓千姿百态。从分类上说，李白将月亮命名为秋月、溪月、湖月、江月、海月、山月、碧山月、关山月、峨嵋山月、汉月、秦地月、趁关月、潇湘月、西江月、边城月、头陀月、罗浮月、金睦月、芦州月、沧岛月、天门月、青天月、云间月、遥台月，一共24种月。在说到月亮的形象时，李白写有明镜、瑶台镜、飞大镜、珠钩、素盘、白玉盘、半轮。在比喻月亮的形状时，李白写有玲珑、素月、朗月、明月、皓月、遥月、落月、归月、孤月、晓月、夕月、好月、新月、古月、今月、萝月、风月、云月、霜月、寒月、水月、冰月。在表示月亮的温度时，李白用到了月满、月白、月黑、月晕、月冷。

在李白的笔下，月亮具有不同的风貌，也具有了千姿百态的灵魂。虽然没有明说，但李白本人以月亮来自我比拟。他拥有胸怀天下的宏图大志，有惊世的才华，有高尚的气节，这决定了他不愿意与奸佞小人同流合污，不喜欢摧眉折腰事权贵。孤独的李白无处排遣内心的苦闷和对现实的不满，自然会寄情于九天之上的那轮皓月。

李白投水捉月、溺水而亡的说法，最早出现于五代时期王定宝所撰笔记小说《唐摭言》。《唐摭言》中记载，李白身披官锦袍，游于采石江，傲然自得，旁若无人，因醉入水中捉月而死。后来，关于李白醉酒这一话题有很多人写了很多诗作，如北宋时期的著名诗人梅尧臣，他写过一首《采石月下赠郭功甫》："采石月下闻谪仙，夜披锦袍坐钓船。醉中爱月江底悬，以手弄月身翻然。不应暴落饥蛟涎，便当骑鱼上青天。"意思是说，李白在江中游玩，在船上喝了很多酒，醉了，被江底的美景和江上月亮的影子迷住，于是伸手去捉江中的月亮，结果翻身落入水中，溺水而亡。

南宋时期，洪迈在经过一系列考察研究之后，在他的作品《容斋随笔》中写道："世俗多言李太白在当涂采石，因醉，泛舟于江，见月影俯而取之，遂溺死，故其地有捉月台。"意思是说，民间都在传言李白死于当涂的采石（今安徽当涂采石矶），在长江上因为喝醉了酒，见到水中月亮的影子俯身去捞取，于是淹死在水中，现在采石这个地方还有捉月台。李白醉酒后投水捉月而死，这一说法既成全了诗仙的浪漫，又满足了后人对李白仙逝的各种遐想。

4. 逐月骑鲸，羽化成仙

第四种说法和第三种说法如出一辙，是第三种说法的神化。说李白因为追逐月亮而骑着鲸鱼离去，最终羽化成仙。这种说法在北宋时期开始流行，北宋诗人郭功甫与前面提到的梅尧臣互有交流，郭功甫写过一首诗《采石渡》，诗中写道："骑鲸捉月去不返，空余绿草翰林墓。"意思是，李白骑着鲸鱼捉月而去，再也回不来了，只剩下长满青草的翰林学士的墓了。这种说法可信吗？鲸鱼只会生存于大海中，不会出现在水位比较浅的河里，这是常识。关于鲸鱼的传说，最早出现于汉代，骑着鲸鱼比喻隐逸或成仙。这种说法很贴合李白的个性，充满了浪漫主义和虚幻的色彩。

分析前面我们所讲的李白死因，可以这样理解：第一，李白是因为炼制丹药中毒而死，反映了中国本土宗教——道教的文化及特点。第二，李白饮酒过度而死，反映了中国博大精深、源远流长的酒文化。第三，李白投水捉月、溺水而亡，传达出诗人对明月的喜欢。明月在古代是一种很好的意象，象征着与家人、亲朋好友之间的团聚，象征着思念，同时，明月寄托了一种文人所特有的美好情怀。第四，李白骑鲸逐月而成仙，则是后人希望能够像李白这位伟大的诗人一样，摆脱世间的烦恼羽化成仙。这四种说法是层层递进的关系，是后人对于李白死因的想象，浪漫主义色彩越来越浓厚。后人为了表达对诗仙李白的无限崇敬而宁愿相信这些美好的猜想。

通过历史的蛛丝马迹，我们可以获知李白真正的死因吗？

二 死因之真相

关于李白的死因传说很多，但传说终究只是传说，并非真相。从历史考证的角度来讲，真相只能有一个，可能这一真相并不美好，或者并不能寄托后人对李白的缅怀之情，我们不能主观臆断，需要还原历史本来的面貌。

李白生于 701 年，卒于 762 年。为解开李白死因之谜，我们首先应该了解李白人生晚期究竟发生了什么。李白晚年，由于唐玄宗用人不当，引发了唐朝历史上由盛转衰的动乱——安史之乱。杨国忠曾向唐玄宗进言安禄山要造反，安禄山与杨国忠成为对立面。755 年，安禄山借讨伐杨国忠之名攻陷河北，安史之乱爆发，唐王朝陷入了风雨飘摇之中。

当安禄山的部队打过来时，唐玄宗赶紧逃亡四川，任命太子李亨为天下兵马大元帅，任命永王李璘为节度使赴江陵。当时，江淮地区的租税大量来自江陵，永王李璘便想以江陵为根据地，控制长江流域的广大地区。可是这时候，太子李亨已经在灵武即位。当了多年太子的李亨当然知道拥兵自重的威胁，所以他对父皇唐玄宗的安排很不满，担心李璘有叛逆之心。

此时的李白已经 57 岁了。永王听说李白的大名，对他十分仰慕，多次下达聘书。尤其是当李白得知官军郭子仪和李光弼收复了河北地区后，他大受鼓舞，决定出山帮助永王。投入永王幕府的李白，利用手中的笔为李璘写了一系列诗歌，叫《永王东巡歌》。这首诗抒发了他建功立业的报国情怀。正所谓"成也为诗，败也为诗"，李白所作的《永王东巡歌》给他的晚年带来了毁灭性打击。

当年，唐肃宗要求永王李璘将财政大权归还，李璘没有听从已经登基两年的唐肃宗的命令。肃宗派高适为淮南节度使讨伐永王。不久，永王李璘被定性为叛乱集团，这些是李白所没有预料到的。李白所写的诗《永王东巡歌》成为他参与叛乱的证据，黑纸白字，难以自辩。

李白因为与永王的关系而受到牵连。最终，他因为参加永王东巡而被判罪，并且流放到了位于大西南的夜郎（现贵州桐梓）。在长达 15 个月的时间内，李白戴罪服刑。其间，朝廷发布了好几道赦免令，都没有李白的名字。759 年，史思明叛乱，时年李白 59 岁。在他被流放到白帝城的时候，因为天气大旱、国家有难，唐肃宗决定大赦天下，而这次，赦免名单上终于出现了李白的名字。这是李白盼望太久的事情。

经过流放夜郎一事，已经 60 岁的李白对政治心灰意冷。此时，李白不再求官，而是由洞庭湖返回了江夏，秋天又回到了浔阳（今江西九江），再次登上庐山，这里是他曾经隐居修道的地方。李白决定在庐山度过晚年。然而，在他隐居一年之后，听说唐朝的官兵在李光弼的带领下镇压了叛乱，意识到这是为朝廷服务的最后机会了。李白处处求人引荐，希望再次出山。这似乎不符合他道教徒清心寡欲的性格，也不符合李白骄傲的人设。我们知道，在李白的前半生，都是别人请他出山，为何年已花甲的他突然一反常态，低声下气地求人引荐呢？原因可能只有他自己知道——生命留给他的时间已经不多了。

事实也确实如此，李白再次请缨入李光弼的幕府，在李光弼同意后，李白前去投靠，可是又不得不半路返回。当时，他已经病得相当严重，只能半途而返。李白以大鹏鸟自喻，他的志向是辅弼天下。临死之前，李白留有绝笔《临终歌》，诗中写道："大鹏飞兮振八裔，中天摧兮力不济。余风激兮万世，游扶桑兮挂石（左）袂。后人得之传此，仲尼亡兮谁为出涕？"这首《临终歌》是李白自撰的墓志铭，从中我们看出李白即使在临死之时依然胸怀壮志。李白心有余而力不足，但他还想当一名游侠，舞一番剑术，干一番震古烁今的事业。然而，主观条件与客观条件均已没有可能，他不得不寄宿于亲戚的住处，这位亲戚是当涂县令、李白的族叔李阳冰。

今天有关李白的诗歌，绝大部分是由李阳冰整理的，包括李白的绝笔《临终歌》。李阳冰记述了李白临死前的一些情况，在《太白草堂集序》中这样写道："阳冰试弦歌于当涂，公（李白）疾亟，草稿万卷，手集未修，枕上授简，俾为序。"从"公疾亟""枕上授简"可以推测，当时李白已经病得很严重了。唐朝诗人李华在《太白墓志》中也写道："（太白）赋《临终歌》而卒。"社会上流传的那些奇奇怪怪的李白死因，实在不值得相信。因为李白是名人，是当时人们喜欢谈论的话题。类似的情况，还有李白的好朋友杜甫，相传杜甫的死因是吃了白酒、牛肉之后饱胀而死，这些都属于无稽之谈。

李白到底得了什么病呢？唐朝大诗人皮日休在《七爱诗·李翰林》中写道："竟遭腐胁疾，醉魄归八极。"李白之死是因为得了一种叫作"腐胁疾"的病。郭沫若是学医出身，他曾经在《李白与杜甫》中分析，"脓胸症慢性化，向胸壁穿孔，成为'腐胁疾'"。郭沫若指出李白是病死的，并且科学分析了病理的原因。腐胁疾，是因过度饮酒而引起的脓胸穿孔症。在唐代的医疗水平下，李白所患的"腐胁疾"是一种不治之症。

李白"枕上授简"这一年是 761 年。第二年，李白病逝。诗仙李白晚年因"腐胁疾"而病死当涂，结束了他传奇而又坎坷的一生。结局既不美好也不浪漫，这就是真相。真相可以不美，可能不尽如人意，但是我们应该正视现实、正视真相。为什么李白之死存在那么多传说？为什么传说中存在那么多的误区？李白之罪与李白之死之间有什么因果关系？这是一个值得辨析的问题。

李白的"滔天罪名"

在电影《长安三万里》中，高适曾经派人问已锒铛入狱的李白为何要投靠永王时，李白开口竟然是："为什么不能投靠永王？"单纯如李白，当时甚至不知道永王是在谋反。知道真相后，李白虽然也很后悔，却依旧无奈地说："我只是想找到一条为国家效力的路，施展自己的抱负罢了。"晚年的李白曾经因受到了朝廷的惩罚而郁郁寡欢，如果问"诗仙"李白一生受到的最大打击是什么，答案一定是晚年"长流夜郎"。在长流夜郎之前，他还差一点儿被判谋逆之罪，我们知道谋逆之罪属于古代"十恶不赦"的大罪，是要掉脑袋的，这是怎么回事儿呢？李白到底犯了什么罪？我们先从一次失败的谋叛说起。

一　失败的谋叛

安史之乱爆发后，唐玄宗匆忙逃到了四川，当了多年太子的李亨在长安失守一个月后，于灵武即位，是为唐肃宗。李亨刚刚即位几个月，正为山河破碎而焦头烂额之时，却发生了永王李璘"谋乱"江东的事情。作为皇帝，肃宗对亲如手足的兄弟谋乱是特别在意的，毕竟前有"玄武门之变"人尽皆知，兄弟如手足，有时兄弟也如敌人啊。永王贵为亲王，占据江东，如果谋乱，会对肃宗的帝位构成威胁。当然，事情的进展正如大家了解的那样，永王的叛乱很快就被镇压了。平息之后，需要反攻倒算，牵涉其中的多名官员或被杀或被贬。这与诗人李白有什么关系呢？

李白曾经是永王李璘的幕僚，这样的身份给李白带来了厄运，他先是遭到了拘押，后又遭到了流放。李白一直桀骜不驯，现在沦落到这地步，对他来说，打击相当大。他的许多诗作，也表现出了对时局的强烈不满。

当时，李白文坛上的很多朋友都气不过。比如，杜甫曾经写过一首诗，叫《天末怀李白》："凉风起天末，君子意如何？鸿雁几时到，江湖秋水多。文章憎命达，魑魅喜人过。应共冤魂语，投诗赠汨罗。"在这首诗中，杜甫设想了李白于深秋时遭流放的场景，在流放途中，李白从长江经过洞庭湖一带。这首诗也表达了杜甫对李白深切的牵挂、怀念和同情，为李白的悲惨遭遇愤慨不平。千百年来，同情李白的文人与杜甫一样，认为李白遭流放是被冤枉的。但是从唐代法律的角度来看，李白遭流放却是有法可依。为什么这么说呢？

李白在永王李璘幕府中只有一个月的时间，日常职责是"侍笔黄金台，传觞青玉案"。侍笔就是写写稿子之类的文案工作，传觞指的是传酒杯，意味着出席一些觥筹交错的宴会，这些场合档次都不低，黄金台、青玉案，隐含了李白所出席的宴会比较高端。我们不禁有三个疑问。

第一，作为一介书生，李白到底起到了多大的作用呢？

其实，李白还真没起到谋划叛乱的作用，但坏就坏在他名气太大，"射人先射马，擒贼先擒王"，李白作为名气无二的幕僚，很容易在这样一起危害肃宗统治的政治事件中受牵连。

第二，李白虽然没有向李璘献言献策，但是否留卜了一些其他的把柄呢？

李白曾经撰写过一组诗来歌颂永王，叫《永王东巡歌》：
"永王正月东出师，天子遥分龙虎旗。"开头的两句说得很直接，
"天子遥分龙虎旗"。要知道，刚刚坐上皇帝宝座的肃宗李亨，
本来就是一个多疑之人。民间常说"龙兄虎弟"，肃宗害怕自己
的弟弟拥兵自重，所以判定李白是永王的同党。

第三，李白首次获罪是在浔阳（今江西九江），但是没过多
久，因为朋友的相助就被释放了。后来又遭流放，可见肃宗对
永王事件的反复态度。参照唐朝当时的法律《唐律疏议》来看，
李白流放夜郎的罪名是什么呢？

在给李白正式定罪之前，我们先来看唐律的规定。首先，
要弄清"谋反"的定义。《唐律疏议·名例律》写道："一曰谋
反，谓谋危社稷。"谋反就是策划动摇皇帝统治，企图图谋不轨
的行为。《唐律疏议》卷17《贼盗律》第1条规定："即虽谋
反，词理不能动众，威力不足率人者，亦皆斩；谓结谋真实，
而不能为害者。若自述休征，假托灵异，妄称兵马，虚说反由，
传惑众人而无真状可验者，自从袄法。父子、母女、妻妾并流
三千里，资财不在没限。其谋大逆者，绞。"这一段法律规定，
说的是谋反不仅仅包括明目张胆的谋反，哪怕没有真正的谋反，
但嘴上说了一些兵马之事，筹划着谋反以及做了一些妖言惑众

的事情，都要受到父母妻妾子女流三千里的处罚，财产没收。如果情节特别严重，"谋大逆"，则处以绞刑。可见，"谋反"罪的定罪范围极其宽泛。李白只是一个诗人，对于乱世中的政治局势缺乏应有的判断力。唐代属于君主专制时代，皇帝老想着有人会害他，而李白唯一的罪证就是为永王李璘作的十几首诗。

其次，看唐律对"谋反"罪的制裁。唐律对于"十恶"之首"谋反"罪的处罚是极其残酷的，不只本人被处斩，父母妻子还要被流放。《唐律疏议》卷17《贼盗律》第1条规定了犯"谋反""谋大逆"的处罚原则："诸谋反及谋大逆者，皆斩；父子年十六以上，皆绞；十五以下及母女、妻妾（子妻妾亦同）、祖孙、兄弟、姊妹；若部曲、资财、田宅并没官。"也就是说，如果犯了谋反罪，家里大大小小都要受到牵连，如果是16岁以上的父子，皆被处以绞刑，其余家人也得受连坐。传世文献与李白诗文中并没有提及李白所受的判决，也没有判决下达后李白家人被连坐的信息。李白在一首诗《南流夜郎寄内》中写道："夜郎天外怨离居，明月楼中音信疏。北雁春归看欲尽，南来不得豫章书。"而"音信疏"则让这份相思更加难耐，漂泊在外的诗仙此时最想收到的就是妻子的书信。最后两句借景抒情，北飞的大雁就要飞尽了，诗人望眼欲穿地等着妻子的来信，却始终没有等到。"豫章书"代指妻子写给他的书信，他在流放期间也可以给妻子写信，说明他还是有一定的自由度的。

李白的狂傲，似乎总是那么自然、那么合理，毕竟在世人眼中他有这个资格。以至于后人在评价这位诗仙之时，往往只知道他狂傲的一面，而不知他其实不过是凡夫俗子罢了。这并非贬低李白，而是不想掩盖他的可爱与真实。李白先后有多任妻子，此时的妻子是宗夫人。宗夫人并没有跟随李白去夜郎，所以李白才会给妻子写信。李白若是以"谋反"遭流，则他的妻子宗夫人或同流，或须没为官奴、收入掖庭，如同唐代大部分"谋反"事件中遭到连坐的范围一样，女性也是包括在内的。但实际上，李白遭到流放时，他的妻子还能送行，两人分居两地，丈夫还可以给妻子写信，可见李白罪名不是"谋反"。那么，李白的罪名究竟是什么呢？

二　反逆缘坐流

根据学术界的研究，李白流放夜郎是唐代流刑中较重的一等——加役流。"加役流"是流三千里并居坐三年，所谓"居坐"是戴着刑具在官方的监视下服劳役。"加役流"本是死刑的替代刑，于贞观时改为"加役，流三千里"，所以《唐律疏议·名例律》第 11 条规定："加役流者，旧是死刑，武德年中改为断趾。国家惟刑是恤，恩弘博爱，以刑者不可复属，死者务欲生之……以贞观六年奉制改为加役流。"如果李白犯的是"谋反罪"，在唐代之前属于死刑，武德年间，国家考虑到博爱之心，将死刑改为"加役流"，这对李白来说已是宽大处理。为什么这么说呢？

第一，"加役流"有一定的适用范围，唐代有五类犯罪可以被处以"加役流"，分别是危害皇帝人身安全的犯罪；侵害他人人身的犯罪；侵犯公私财产的犯罪；职务犯罪；其他一些重大犯罪等。位居"十恶之首"的"谋反"却不能适用"加役流"。唐代对犯"谋反"罪者，除极少数人（如个别皇室成员）宽大处理外，其余皆处斩。比如，大家非常熟悉的上官婉儿，她一出生就受到了家族的牵连，因为她的爷爷上官仪被诬告为"谋反"，父子都被杀掉，所有的女性家属被配入掖庭。从前后对比来看，李白遭流放的罪名并非是"谋反"。

第二，李白到底犯了什么罪呢？李白获罪是因为入了永王的幕府，两《唐书》李白传记中都记载为"坐"永王"谋乱"而长流夜郎，归于"附逆"之罪。李白的罪名和永王拥兵东下的性质有直接的联系。永王李璘作为唐代的皇室成员，身兼江淮兵马都督，镇守江陵是履行自己的职责。他征李白入幕的时间为至德二年正月，这时的永王并无公然谋反的意向，仍然是代表李唐皇室一方的军官。李白是唐玄宗所说的"有文武奇才，隐处山薮，宜加辟命"之人，李白拥有报国理想，他接受做唐朝廷官员的永王征辟是不违法的，这是为国家效力的行为。再说，李璘请李白下山，不过是想借李白的"笔"为他东征制造舆论。从李白角度来讲，李璘二月称兵叛乱是出乎他的意料的，李白在一定程度上也是被李璘所蒙蔽的。

翻遍正史，对永王李璘"谋乱"事件的记述，都难以找到明言"谋反"的证据。《旧唐书·李璘传》中记载，李璘"有窥江左之心"，《新唐书》记载他"有窥江左意"，意思是相同的，都认为李璘想割据东南。其实，李璘握兵权、趋江南是出于唐玄宗的授意，是皇帝正式下诏任命的。李璘之后的行为，玄宗也绝非认为是"谋反"，而是违抗肃宗君命的"公行暴乱"。只不过，这个事件成为玄宗与肃宗父子之间政治斗争的牺牲品。对于刚刚即位的肃宗来说，任何的风吹草动都是严重的威胁，肃宗表面上对永王不公布罪名，实质上是把这次事件作为谋反来处理。李白以一个月幕僚的身份，遭到了长流夜郎。

好，问题研究到了这里，我们不禁要问：李白被流放的罪名既不是"谋反"，也不是"谋叛"，那是什么呢？

这个罪名说出来，可能大家觉得陌生，因为罪名的名称很小众，现代社会也没有这样的叫法了。罪名是"反逆缘坐"。如何解释呢？《旧唐书·李白传》中记载："永王谋乱，兵败，白坐，长流夜郎。"这个"坐"字表明了李白是被连坐的。在唐代，"谋反"与"谋大逆"虽然定义不同，但在实际操作中常常并称，制裁原则基本相似。

在唐律中，"反逆缘坐"属于重罪。《唐律疏议·名例律》第18条规定："其加役流、反逆缘坐流、子孙犯过失流、不孝流及会赦犹流者，各不得减赎，除名，配流如法。"以上所说的"五流"中，"反逆缘坐流"意在惩罚"反、逆"案件中的次要人物以及家属所实行的连坐。李白获罪长流夜郎是基于"反逆缘坐"的罪名。

李白在诗歌以及与友人的信中多次提到他心中的悲愤之情。我认为有两方面的原因：一方面，李白豪放不羁的个性，使得他对当时的法律判决有天然的抵触。另一方面，李白认为自己罪不至此。李白没有为李璘图谋江东起到出谋划策的作用，任职时间极其短暂。但是依据唐代法律的规定，李白应在"谋反"的连坐范围之内，所以才被处以"反逆缘坐流"。

李白获罪的一个原因还在于他名气太大了，名气大的人不带一个好头，当然要被处理。杜甫作为李白的"迷弟"，曾经写过"世人皆欲杀（李白）"。尽管这句话有些夸张，但从侧面说明李白这样一个大诗人，被连坐是因名气而非罪大恶极。名气是一把双刃剑，作为名人被流放，途中还是受到了一些照顾。比如，他还可以赏玩山水，可以与各地官员饮酒赋诗，他的服刑过程不像是一个重罪流放犯，反倒像是一场长途旅行。

三 法外又开恩

唐代法律规定，流放犯到达流放地是有时间限制的，李白是在乾元元年（758 年）的春天启程的，他并没有按照规定的时间到达夜郎。法律没有规定适当优待犯罪的事情，李白却以名人身份实际上得到了优待。路上慢悠悠地走，心情却依然郁闷，似乎李白在等待着什么。

在判决流放的过程中，李白一直等待着朝廷下达的赦令，也可能这时的他仍抱有极大的幻想。《全唐文》收录了乾元元年至上元元年三年间的全部赦文："二月丁未，大赦，改元，改为乾元元年。四月丁卯，大赦。十月甲辰，立皇太子，大赦。"这三次大赦，在赦免名单中都没有李白的名字。李白一次次满怀希望，一次次心情失落，所以他在诗中发起了牢骚，说自己背，"遇恩不沾"。

终于，在左顾右盼中，与李白有关的赦文好不容易姗姗来迟。上元元年闰四月，在《改元上元赦文》中记载："改乾元三年为上元元年。自上元元年闰四月十九日昧爽（注：天刚破晓，大概是凌晨3：00—5：00）已前，大辟罪（注：古代五刑之一，死刑，砍头之意）已下，已发觉未发觉，已结正未结正，见禁囚徒，罪无轻重，常赦不免者，咸赦除之。其与逆贼元谋，及胁从受驱使，惧法来降，并潜藏不出者，已频处分，但能归顺舍罪，除元恶之外，一无所问。"这段话啰里啰唆，翻译成白话文就是四个字：大赦天下。赦文明确了被赦免之人，包括像李白这类的罪犯。听到被赦免的消息，李白的心情一定是喜出望外。李白在《赠江夏韦太守良宰》一诗中写道，"传闻赦书至"，可见对于赦免他是早有耳闻的，这首诗的写作时间与被赦的时间是一致的。可见，李白被赦免的真正时间是上元元年的闰四月。

讲完了上面的事情，我们重新认识了不一样的李白。可以总结一下：他的获罪与政治形势有关，在特殊时期，李白不幸卷入了一场政治事件中。永王李璘本来是遵从父亲玄宗之命拥兵下江南，却为哥哥肃宗所猜忌，在多方面力量的作用下，逐渐演变成一场不遵皇命的割据行为。在肃宗的谋划下，永王称兵仅仅两个月即告失败，除了父子俱死外，连累家属与幕僚受到肃宗的严厉处罚。李白这个对永王谋划起不到多大作用的诗人，很不幸成为政治斗争的牺牲品，获得了一个"附逆"（反逆缘坐）的罪名，受到了流放夜郎的处罚。

但李白慢悠悠地赶往服刑地，也体现出唐律中"以德配天，明德慎罚"的司法理念，一定程度上反映了唐朝法律文化的开放性。这种开放性是吸收了"德"与"礼"的理念，即"德礼为政教之本，刑罚为政教之用"，德与礼的关系是相辅相成、相得益彰。

与唐之前刑罚的残酷相比，唐律的重大进步在于刑事制度的理念上。多以宽容、缓和为主，在实施中既起到了惩戒、威慑的作用，又彰显了教育、引导的价值。从对李白的处罚细节来分析，唐朝法律文化不倡导滥刑，倡导公道中正，原因在于李白犯罪主观上是受蒙蔽，而且发生在政局混乱的特殊时期。虽然李白依附了谋逆大罪，但罪不当诛，正如此案中反映出的"慎恤"的法治理念。

李白不是政客，在乱世中看不清王朝内部的权力之争，仅凭一颗热情的心看待事物，虽然"附逆"是客观事实，也确实获得了"反逆缘坐流"的处罚，但这丝毫无损于其"诗仙"的形象。回顾李白的一生，我们发现附着在他身上有许多光环：他5岁能背诵儒家典籍，10岁熟读诸子百家，15岁练习剑术，25岁闯荡江湖；他留下的不朽的诗篇，是他曾游遍祖国的名山大川，饱含一腔爱国热情的佐证。

我们分析了李白之罪，与李白之死相比，我们感受到了一位伟大的诗人既辉煌灿烂又坎坷曲折的一生。对于李白这样的传奇人物，什么样的女子才能配得上他呢？李白的婚姻真的像《长安三万里》中演的那样，他是上门女婿吗？

李白和他的妻子们

李白到底有几位妻子？在电影《长安三万里》中，说李白做了许家的上门女婿。在一般人的印象中，上门女婿得低眉敛眼，生的子女得随对方姓。那么，豪爽狂放、才华横溢、洒脱不羁的李白，到底做没做过上门女婿呢？

唐代诗人李白是伟大的浪漫主义诗人，世人对李白的认知，多半停留在他那些脍炙人口的诗句当中，像"大鹏一日同风起，扶摇直上九万里"，"仰天大笑出门去，我辈岂是蓬蒿人"等。李白的生平如何，他经历了怎样的婚姻过程呢？

一　家世背景

说到李白的婚姻之前，我们先说一下李白的家世背景。他为什么可以周游四方，到处游山玩水？为什么他一直有钱花，可以那么潇洒？李白之所以有钱花，与其出身有关。

李白自称出于陇西李氏，但谱牒全无，父亲、母亲的家族事迹都无法考证。可以这么说，他既不是公子王孙，也有些"来历不明"。陈寅恪先生认为他不是汉人，而是"西域胡人"。李白出生于西域的碎叶，也就是今天的吉尔吉斯斯坦托克马克市。

李白的先祖在隋朝时，曾因走私铁盐而获罪。这段历史被记载在《新唐书·李白列传》中："其先，隋末以罪徙西域。"李白的父亲是李客，带着年幼的李白从西域迁回了四川，并且继续从事商业经营。李客很擅长做生意，李家的商贸店铺随之遍布长江上游和中游地区，吴楚、巴蜀之地到处都是李家的产品。因为经商，李白家境优渥。实际上，从他那首《古朗月行》中也可窥一斑："小时不识月，呼作白玉盘。"大家可以设想一下，普通人家的孩子怎么可能见识到"白玉盘"这等名贵的宝物呢？李白诗中还有"五花马，千金裘，呼儿将出换美酒"，这些都是生活中有现实经济基础的体现。

李白的父亲李客由碎叶迁徙入四川时，是拖家带口一大家子人一同前来的。正因为家境富裕，李白才能从小受到良好的教育。正因为家庭条件好，李白才有机会从小饱读诗书。据史书记载，他"五岁诵六甲，十岁读诸子百家，通诗书。十五岁，观奇书，学剑术"。这说明李白启蒙的时间够早，五岁已经开始读书了，他确实是一块读书的材料，在诗文上的才华显露无遗。商人出身的父亲有比较开明的眼光，他知道自己的儿子李白是可塑之才，所以鼓励儿子靠才华打开仕途。

因为父亲李客是商人出身，商人在古代是最低等级的百姓，"士农工商"谓之四业，商人处于鄙视链的低端。要想改变自己的命运，李白只有读书。所谓"万般皆下品，唯有读书高"，书香门第排在第一等。所以，李客鼓励儿子入仕为官，几乎等于为儿子找了一条最难的路。唐代的科举制度，第一步为府试或州试。合格后，经过尚书省审核无误后，方可进行省试，无论哪级考试都要经过严格的资格审查。审查资料非常详细，包括家庭状况、户籍、父祖官名。商人之子不能参加科举，这决定了李白只能走举荐这一条路。举荐是什么意思？就是带上自己的代表作，请权贵之人或王公将相进行推荐，继而走上做官的路子。

除了读书，少年时期的李白还很喜欢体育运动，他偏爱剑术。李白的诗作中提到"剑"的名篇超过 40 首。尤其是那首《侠客行》："十步杀一人，千里不留行。事了拂衣去，深藏身与名。"这首诗传达出李白早期最为深厚的游侠情结。

在读书求举荐的路上，李白带着自己的作品出发了，他先后拜会过益州刺史、渝州刺史，但结果都不理想。举荐之路走不通后，李白开始一边游山玩水，一边学道修仙。其间所有的花销，自然都是丰厚家底作支撑。李白排行十二，名叫"李十二"，足见他在同宗族中的兄弟辈人数很多。

李白 21 岁那年，父亲便去世了，他的哥哥们承袭了父亲留下的大部分财产。当然，唐朝法律中对于分家析产有详细的规定：首先是父母亡故后的兄弟具有均等的财产继承权利。他们都是第一顺序继承人；如果兄弟中有人身亡，那么其子孙享受继承权利。这就是"兄弟亡者，子承父分"。在儿子作为第一继承人的这一辈，唐律实行按照房支（一个兄弟为一房支）进行均分的原则，在孙儿作为第二继承人的这一辈，则实行按照孙辈人数均分的原则。也就是说，孙子多的人家会分得比较多的财产。李白为什么没有分到特别多的家产呢？

李白喜欢浪迹天下，个性比较洒脱，如果把家产和家里的店铺都安排给这位喜欢自由甚至放荡不羁的年轻人，也未必是很好的选择。当时又没有职业经理人的制度，谁能代替李白管理好他的商业版图呢？所以，在父亲去世后，李家仅将一小部分家产留给李白，也算是情理之中的安排。好在，李白自身是具备赚钱能力的，他可以完全不必依靠商业，那他靠什么呢？颜值吗？才华吗？

二　上门女婿？

李白的颜值如何？史书还真是间接记载了一下。跟他同时代的一个人叫魏颢，他是李白的铁杆粉丝，曾为李白整理过一本诗集。魏颢曾经这样描述李白：“眸子迥然，哆如饿虎，或时束带，风流酝籍。”意思是说，李白这个人眼睛深邃明亮，嘴巴像饿虎一样大，风流倜傥肯定不在话下。

除了颜值，李白很有才华。当他口袋里没什么资财时，他凭借诗作累积了一定的名气。他还结识了很多社会名流，其中就有大他 12 岁的诗人孟浩然。李白对孟浩然很是仰慕，后来，他"入赘"湖北安陆的名门许家，正是得到了孟浩然的暗中撮合。

李白第一次结婚是在 27 岁，婚姻的对象是安陆的许氏。许氏出身高门望族，她的祖父许圉师曾经做过左丞相。许圉师（？—679 年），安州安陆（今湖北省安陆市）人，谯国公许绍的小儿子。许绍与唐朝开国皇帝李渊是同学，后来被封为安陆郡公。曾祖许弘、祖父许法光都曾做过楚州的刺史。许圉师自幼受父亲影响，颇有胆识和才干，对文学艺术很有研究。因为世代公卿，许圉师有条件接受良好的教育，他在唐初的科举考试中，得中进士。后以其才干和能力，累迁给事中、黄门侍郎、同中书门下三品，兼修国史。龙朔二年（662 年），许圉师因为自己的小儿子许自然打猎时杀了人，为了救儿子，用自己的官品来抵罪，从而遭到了贬谪。后来，唐高宗念其功绩，又释放出狱。可以看出，许氏家族在百年之间一直是簪缨满门，相当兴旺。

孟浩然之所以主张李白与许家结好，是因为他太了解李白了。李白并不是脚踏实地的人，他极富浪漫主义情怀，这样的人只有在富裕之家才能施展自己的才华。如果让李白这样的人去操心柴米油盐、鸡毛蒜皮，他一定写不出那些豪迈的诗句来。

开元十五年（727年），27岁的李白迎娶了许氏。之后，他一直在许氏的娘家生活，留居安陆达十年之久。从这些细节来看，李白似乎是在"吃软饭"。包括郭沫若等学者在内也认为李白是入赘婿。所谓赘婿，法律有明确的规定，是指"家贫，无有聘财"的情况下，以出赘的方式进入女方家庭。自己不立户籍，只是依附于女家的户籍，女家对财产有分配的权利。赘婿往往被认为属于逃避国家赋税的低贱之人，成为国家征调谪戍的重点对象，所以赘婿的社会地位相对低下。

李白作为堂堂的大唐网红诗人，走到哪里都是粉丝围绕的大主角，居然是赘婿？这种说法有点儿危言耸听了。最近，学术界的研究已经证明，唐代存在大量的"未庙见"而"从妻居"的婚姻，这与所谓的赘婿是有很大差别的。赘婿的法律地位与社会地位比较低，一旦入赘妻家，男子一般须隐去本姓，改为妻姓，所以当时有这样的描写："男子出赘，不顾本宗。"唐代的司马贞在解释"赘婿"时认为："女之夫也，比于子，如人疣赘，是余剩之物也。"敦煌变文还有赘夫的自白："没有安身，乃为入舍女婿。"唐时期的诗歌也有描述赘婿心理的内容:"可惜英雄丈夫儿,如今被使不如奴。"以上的说法都可反映出社会对赘婿的典型歧视态度。我想,骄傲如李白,他不会为了迎合许家而委屈自己的。

李白跟这位许氏夫人大约生活了十年,生有一儿一女。女儿名叫平阳,儿子小名叫明月奴,后改名为伯禽。因为唐朝的门第观念极深,李白在许家始终不被大舅哥待见。无奈之下,心高气傲的李白为了争口气,只得离家寻找入仕为官的机会。这也是为什么他与许氏结婚后,有整整十年的时间一直云游在外。其间,负责照顾两个孩子的一直是许氏。或许是因为身体欠佳,加上思念丈夫,操劳过度,许氏年纪轻轻就辞世了。

后来,李白带着儿女,移居东鲁(今山东济宁),诗文之中再也没有出现过许氏的身影。这些事实也证明了,如果李白是许家的赘婿,就不会有这样自由的后续了。

许氏死后一年,李白将田地贱卖,然后带着一双儿女迁徙到了东鲁。在远房兄弟的帮助下,李白在兖州买了房产,算是安置下来。置办房产后不久,在亲友的撮合下,李白与一位寡妇生活在了一起,这位寡妇叫刘氏。刘氏是个务实的女人,她也压根儿看不懂李白的诗作。与李白相处一阵后,刘氏只觉李白浑身都是缺点:不仅田产不多,还没有固定的收入来源,终日与一些狐朋狗友饮酒作乐。在刘氏眼里，李白完全是一个不务正业的男人，她开始抱怨李白。李白受不了刘氏的抱怨，只得以出去找做官的机会为由，继续游山玩水去了。

李白与刘氏之间是私自婚约，并没有正式结婚。

对于这种没有经过"父母之命、媒妁之言"的私自婚约应当如何理解呢？唐代法律对此有专门的说明，《唐律疏议》卷14《户婚》规定："诸卑幼在外，尊长后为定婚，而卑幼自娶妻，已成者，婚如法；未成者，从尊长。违者，杖一百。"意思是，在家族以外的地区独自成婚，虽有违尊长之令，但是，如果是先斩后奏的"已成者"，执政者仍会给予法律上的承认。

正是在与刘氏结合的这段日子里，李白对女人的感觉非常不好，他曾在长诗《雪谗诗赠友人》里，写过两句痛斥妇人的诗句："彼妇人之猖狂，不如鹊之强强。彼妇人之淫昏，不如鹑之奔奔。"42岁那年，被唐玄宗召见时，他写的《南陵别儿童入京》一诗最后两句也是在骂妇人："会稽愚妇轻买臣，余亦辞家西入秦。仰天大笑出门去，我辈岂是蓬蒿人。"经后世考证，李白这两首诗中的"妇人""会稽愚妇"，说的正是自己的妻子刘氏。

在李白的第二次婚姻中，刘氏是典型的现实主义者，而李白则是纯粹的浪漫主义者。这样的两个人生活在一起，三观不同。李白被唐玄宗召见归来后，拿着皇帝赏赐的财物建了酒楼、修了丹房，他的这些举措也让现实主义的刘氏非常不满。刘氏的不满累积到一定程度后，他们终于来了一次大爆发，李白索性一不做二不休，和刘氏离了婚。可叹这刘氏，与李白离婚后，转身就另嫁他人，丝毫没有半分留恋的意思。

刘氏走后，李白与一个被休的山东妇人同居了。李白的这第三任"妻子"并未留下姓氏，因此，我们这里将她写作"无名氏"。无名氏是李白搬到山东后的女邻居，她丈夫常年在外经商，且多年生死未卜。后来，其丈夫发了财，便将糟糠妻无名氏休了，如此一来，她便可以名正言顺地与离婚后的李白同居了。

根据《李翰林集序》的记载，无名氏曾为李白生下了一个儿子，名叫颇黎。婚后，无名氏不仅照顾着李白，还将李白与许氏的一儿一女也照顾得很好。也是因为有她的照顾，离婚后的李白才没有彻底沉沦，没有死于酒精中毒。可惜，无名氏并不长寿，与李白同居仅仅五年后，她因病辞世。无名氏的去世，令年近 50 岁的李白伤心不已。

三　再遇知音

在经历了三段婚姻后，李白身心俱疲。人当然没有前后眼，不能预知自己的未来。缘分很奇妙，在李白颓然之际，他所向往的美好在前方悄然等着他了，他即将迎来第四次婚姻。这也是他人生的最后一段姻缘。而这段姻缘，曾留下了一段"千金买壁"的传奇佳话。

第四次婚姻的女主角同原配许氏一样，出身高贵，她是唐朝前宰相宗楚客的孙女，名为宗煜。宗煜的爷爷宗楚客是武则天时的宰相。宗煜不仅才貌双全，对诗文也很有见地。李白与她的结识，一开始也源于诗文。

750 年，李白游览梁园的古迹，酒后诗兴大发，在一面墙上挥笔写下了一首《梁园吟》。宗煜路过时，见一僧人欲将白墙涂黑，要将诗擦去，她看到诗的内容后，立即制止了这位僧人，并且豪掷千金买下了这面墙，这就是"千金买壁"的典故。这说明宗氏也是李白的粉丝，能够嫁给自己的男神，她应该感到很满足。

　　李白几度与宰相门第结合，让他能更好地结交权贵的同时，也让他能一直过着吃喝不愁的生活。可见，李白两次婚姻中，并未为金钱伤神过，女方丰厚的家底，自身的诗歌才华，给他提供了终日游山玩水的条件。同样，给他提供钱财资助的，还有同时代中对李白狂热追捧的一众粉丝。李白名声越来越响后，很多人都想与他结交。李白的粉丝中不乏富贵子弟，其中，他的超级粉丝便是一个富得流油的公子哥——汪伦。

　　汪伦费心请李白来玩，李白高高兴兴地游览一番，还写了一首千古流传的《赠汪伦》："李白乘舟将欲行，忽闻岸上踏歌声。桃花潭水深千尺，不及汪伦送我情。"这首诗浅显易懂，甚至有点儿口水诗的味道，他让我们直白地记住了汪伦这个名字。而一般人所不了解的是，汪伦为了款待李白，曾经豪掷千金。李白走时，他还赠送了不菲的伴手礼，文献中记载："赠名马八匹、官锦十端，而亲送之。"八匹名马，不用猜也知道，一定是天价了。还有官锦，那也不是一般人能够接触到的名品。李白与汪伦，不过都是喜欢玩乐的富家子弟，像汪伦这样的粉丝，仅仅是李白众多粉丝中的一个而已。

　　除了粉丝赐金外，李白也曾得到了唐玄宗等权贵之人的赏赐。《松窗杂录》中记载，李白在半醉半醒之际，为杨玉环写下

"云想衣裳花想容，春风拂槛露华浓"的诗句，唐玄宗龙颜大悦，当即就赏了李白一百两金、一百端锦。即便后来在长安被挤对后，李白也曾凭借诗作在临走时，得了赏金百两。综上所述，李白的确只在翰林院工作了两年，但他可以依靠的权贵之人，一直未断。这就是他可以一辈子游山玩水而不愁没钱花的最主要原因。

宗氏与李白结婚后，一直悉心照顾着李白。她不仅支持丈夫游山玩水，还和丈夫一样对道教很感兴趣。其间，夫妻俩更曾一起在天门等地隐居。与宗氏在一起，李白的心情很好，因为他确定自己再次遇到了知音。他的诗作中常可见"秀恩爱"的字句，如《秋浦寄内》中，就曾写道"江山虽道阻，意合不为殊"，这句诗描述的便是夫妻关系融洽、思念跨越山海的画面。

安史之乱后，李白和妻子宗氏避居庐山。此时的李白却依旧未放弃入仕报国的志向。永王李璘起兵后，他听从了永王的召唤，做了他的幕僚。后来，李白因受李璘谋反案的牵连下狱，宗氏为救夫四处奔走，甚至不惜动用家族的关系尽力打点。可最终，李白依旧被发配到夜郎。

好在，李白流放途中，朝廷因关中遭遇大旱，宣布大赦，规定死者从流，流以下完全赦免。李白欣喜若狂地写下了那首《早发白帝城》："朝辞白帝彩云间，千里江陵一日还。两岸猿声啼不住，轻舟已过万重山。"

说到这里，李白的四次婚姻已经讲完了。如果与少年时的意气风发相比，李白的后半生有些坎坷。唐玄宗特别喜欢他的诗，但李白恃才傲物，甚至喝醉酒后在宫里发生了力士脱靴、贵妃研墨的故事。李白太狂了，所以在朝廷里肯定是不受欢迎的。在官场上，文人的放浪形骸怎么可能被允许呢？最终，李白在宫廷里只待了两年，自己不舒服，皇帝也看他不顺眼。郁郁不得志的李白写下了"安能摧眉折腰事权贵，使我不得开心颜"，这就是李白，他不愿意去侍奉权贵。

李白潇洒乐观，李白放荡不羁，他既有无奈，也有求之不得。李白并不是生来就渴望出尘和逃离，就算是"谪仙人"，来这人世间走一遭也难免生出几丝凡心。偏偏上天又给了他那样流光溢彩的才气，自卑与自负在时代的浪涌中在他身上激烈地碰撞着，他时而展现出玩世不恭，时而展现出"天生我材必有用，千金散尽还复来"的潇洒；他时而惆怅，时而醒悟；时而得意，时而落寞。

李白除了见于文献记载的四段婚姻外，还喜欢流连于酒肆。

"五陵年少金市东，银鞍白马度春风。落花踏尽游何处，笑入胡姬酒肆中。"李白和那个在长安陷落后，依然跳着胡旋舞的舞女一样，在自由翔翔的诗歌王国里，他才能片刻享受灵魂的自由。李白有着异于常人的悲欢喜乐，唯有诗歌不吝笔墨。车辚辚，马萧萧，无法在史书中占满一页的李白，终将在诗文中千古留名。

杜甫最后的时光

杜甫是唐代伟大的爱国诗人，他给后人留存下了1400余首彪炳千古的诗篇，这些诗篇是我国文化宝库中的瑰宝，也是闪烁在世界文坛上的璀璨明珠。在电影《长安三万里》中，众多诗人在风雨飘摇的大唐难安其身，相比于封侯拜相的节度使高适，尚且年幼的杜甫属于乐天派，他就像李白的小跟班。在安史之乱来临之前，电影中的杜甫则淡出了我们的视野。千百年来，杜甫给后人留下的最大疑惑在于他的死因。文学界、史学界针对杜甫的死因提出了五种说法，而且各执一词，令人真假难辨。今天，我们就来聊一聊杜甫的死因之谜。

一 五种死因说

1. 病死说

持这种观点的人认为，晚年的杜甫穷困潦倒，长期一个人独居在南方。大历五年（770 年），南方洪水泛滥，身体虚弱的杜甫已经患病在身而无钱医治，自然而然，他抱病而终。这种说法见于学者莫砺锋、童强所撰《杜甫传》。关于杜甫的死，书中是这样写的："冬天到了，诗人病倒了。病倒在行往岳阳的舟中……一颗巨星就在这无限的孤独、寂寞中陨落了。"①

2. 溺死说

这种说法出自以唐朝李观的名义撰写的《杜拾遗补传》，书中提到杜甫在湖南耒阳一带，为江水溺死。具体是这样写的："甫往耒阳……一日，过江上州中，醉宿酒家。是夕江水暴涨，为惊湍漂没。其尸不知落于何处。洎玄宗还南内，思子美，诏天下求之。"不过，这本《杜拾遗补传》的漏洞太大，具有历史常识的读者一眼就能识破，唐玄宗早在宝应元年（762 年）

---

① 莫砺锋、童强：《杜甫传》，天津人民出版社 2001 年版。

已经驾崩，怎么可能在八年之后的770年去思念杜甫呢？[①]

3. 自沉于水说

这种说法源于一篇假托韩愈所写的诗文《题杜子美坟》。在这篇诗文中，作者大胆猜想："三贤同归一水"，这里"三贤"指的是屈原、李白、杜甫。随后，这种说法在民间广为流传，但不同朝代的人都对这种说法进行过批驳。因为，该诗文并不见于韩愈的本集，所以假托韩愈的可能性大。

4. 饱胀而死

杜甫的死与饥饿有着斩不断、理还乱的联系。根据杜甫的行踪得知，离开四川后的杜甫客居到了湖南潭州。大历五年（770年），兵马使臧玠在潭州作乱，杜甫又逃往衡州，原打算再往郴州投靠舅父崔湋，需逆流而上二百多里，这时洪水又未退，杜甫原一心要北归，这时便改变计划，顺流而下，折回潭州。由于被突然的洪水所围困，杜甫连续饿了多天。幸亏，县令聂某派人送来酒肉，来人以牛肉白酒招待他，难得饕餮一回的杜甫暴饮暴食。由于长时间没有进食，肠胃需要一段时间的适应。可是，杜甫猛劲儿一吃，让胃肠突然不堪重负，最终因

---

① 朱恒炙、王基伦：《中国文学史疑案录》，江苏教育出版社1998年版。

为吃多了而撑死。大历五年（770年）冬，杜甫在由潭州往岳阳的一条小船上去世，时年59岁。这种说法出现在唐代郑处诲编撰的一部笔记小说《明皇杂录》中。

5. 食物中毒而死

到了近现代，有部分学者对杜甫的死因提出了疑问，并结合现代医学的分析得出了结论，认为杜甫的死因与食物有关。杜甫应该不是撑死的，而是死于食物中毒。之所以会有毒，不是因为有人要蓄意谋杀他，而是因为古时候的食物储存条件有限，且当时正值夏天。所以，食物上滋生了很多细菌和毒素，杜甫本来身体不太好，吃了之后，由于食物中毒而死。提出此说的是著名学者郭沫若，不过，郭老的这种说法同样具有猜测性。

以上五种就是有关杜甫死因的说法，试想，如果真如第四种说法所言，一代文豪竟是撑死的，那真是令人唏嘘不已。哪个说法更可信呢？要想解开杜甫真正的死因之谜，还得从他坎坷曲折的一生说起。

二　坎坷的一生

公元 712 年，杜甫出生于河南巩县，他是名门之后，先祖杜预是魏晋时期的大将，祖父杜审言是高宗时期的进士、武则天身边的红人。当时有这样的谚语："城南韦杜，去天尺五"，也就是长安城的韦氏、杜氏家族，离天只差一尺五，这是对韦、杜家族的称誉和标榜。加上杜甫的外祖父母均是李唐皇室之后，在家学家风的影响之下，杜甫从小立志成为先祖一样的人物，能够学富五车，辅佐帝王。

杜甫 7 岁开口咏凤凰，9 岁名震东都洛阳，14 岁出入翰墨场，因神童的远名，成为岐王李范的座上宾，一时风头无两。可见，杜甫的超凡才华与阅读相关，也与生活中的经历有关。

曾经有一段时间，杜甫这位昔日的大诗人成为我们网络时代一名"网红"。年轻人喜欢用杜甫的形象制作出各种动图，还喜欢利用教材中的杜甫插图进行二次创作。网络中的"大忙人"杜甫，在他真实生活的唐代，也确实是一个大忙人。不过，杜甫忙的事情分为两个部分，前半生忙于投名干谒，到处拜托权贵举荐自己，以求得做官的机会；后半生则限于生计而无法附庸风雅，在颠沛流离中奔波。到底是怎样的社会变迁让杜甫产生了这样大的变化？我们先来捋一捋杜甫的生命历程。

开元二十四年（736年），二十多岁的杜甫跟随着唐玄宗的脚步，来到洛阳参加科举。才华与名气兼备的杜甫并没有考中，但"三十老明经，五十少进士"，年纪轻轻的杜甫自己也没当回事儿，借着来洛阳的机会开开心心旅游了一番。这时候的杜甫，年轻气盛，自诩"读书破万卷，下笔如有神"。

八年之后，天宝三载（744年），又是在洛阳，杜甫在这里遇见了被唐玄宗赐金放还的李白。相比于才华横溢、名气满天下的李白，杜甫简直就是个小迷弟。两人话语相投，便相约一路东行，共同游历了南朝时期梁、宋的故地。也是在这次东行中，他们认识了居家于梁宋一带的高适，并结交成为挚友。年轻时的杜甫自信乐观，凭借良好的家世游山玩水，正所谓"人生得意须尽欢"。

随着年龄的增长，三四十岁的杜甫没有了年轻时的洒脱，身在长安的他背负着家族名誉与家庭负担，还有一颗时而卑微、时而孤傲的自尊心。为了让别人了解他的才华，杜甫每天挖空心思找门路，参加长安城里的"干谒"，也就是尽可能地吹捧权贵或高官，试图混进他们的圈子。然而，作为大学者杜审言的孙子，杜甫多少有点落魄。虽然说娶了官家小姐杨氏，先后生养了五个孩子，但日子过得很清贫。

他的朋友高适从军之后，投入河西节度使哥舒翰的幕下，在府里当掌书记，杜甫也曾想过不得朝官就外出入幕府，他也曾自荐，写给哥舒翰一首诗《投赠哥舒开府翰二十韵》，但却迟迟等不来回信。失望之余，杜甫也曾吹捧正当红的杨国忠，称他是山神降临，是辅佐陛下的栋梁，但也没有得到推荐。或许，有人会奇怪，这么有名的诗人、文学家，与诗仙李白齐名，竟然处处碰壁，为生计发愁？

是的，由于没有稳定的住所和收入，杜甫经常忍饥挨饿。杜甫之所以在有生之年没有因为文学创作而过上荣耀、富足的生活，主要在于他没有被认可，不像李白那样有那么多粉丝。

杜甫从 34 岁开始客居长安，前六年屡屡投献诗赋，以求达官贵人的推荐，却从无消息。40 岁那年，唐玄宗举行祭祀大典，杜甫献赋，终得赏识，列为候选。天宝十四年（755 年），杜甫的命运终于出现了转机，朝廷任命他为河西县的县尉。县尉的职责是掌管司法、刑狱、抓捕等，从九品的小官。然而，杜甫却拒绝了，因为他嫌弃县尉的品级不高，但责任不小，抓捕、收税、处理百姓各种琐事、将中央的政令推行到基层……不易晋升却异常辛苦。

很快，杜甫被改授"右卫率府兵曹参军"，负责管理东宫卫队的人事档案，这是太子手下的属官。这样一份工作虽与当年的"甫昔少年日，早充观国宾"有着天壤之别，但总算可以养活家人了。生活的磨砺只能让杜甫写下"不作河西尉，凄凉为折腰"这样自我调侃的诗句。

杜甫担任太子属官不到一年，爆发了震惊上下的安史之乱，国家有乱，人如蝼蚁。昔日繁盛的大唐王朝，逐步走向了衰落。

随后，潼关失守，长安沦陷，杜甫随之没有了俸禄。天下已乱，文教荒废，杜甫依然饥饱无常。玄宗西逃，太子北上，然后灵武登基，是为肃宗。杜甫把家也迁到了相对安全的陕北安置，只身投靠肃宗。很不幸，杜甫在路上被叛军所俘，一路被押回长安，好不容易保住了脑袋。一年多后，逃出长安的杜甫再投肃宗，被授左拾遗，这是个谏官，只有八品。这个小小的官职没做多久，杜甫又遇到了麻烦。

当时，宰相房琯的门客董廷兰擅长弹琴，深得喜爱，很多想靠近房琯的人就贿赂他，后来被人揭发，告到了肃宗面前。肃宗想要罢相，杜甫出言劝阻，谏议道："罪细，不宜免大臣。"没想到，杜甫的这番表态触怒了肃宗，认为杜甫是为私心辩护。因为他的左拾遗官职是房琯再三举荐得来的，于是，肃宗直接把杜甫交给三司审查。动用三司审查一个小小的左拾遗，实在是大阵仗，一般只有发生重大刑事案件或十恶不赦的重大犯罪，才会同时让大理寺、刑部、御史台联合审理，而杜甫只是说了一句话而已。

这时，宰相张镐出来打了圆场，向肃宗建议说："杜甫本来就是一名左拾遗，提意见是他的本职工作，如果让杜甫抵罪的话，恐怕会形成不好的影响，绝了后来者谏言的路子。"肃宗听罢，强忍怒气，宽恕了杜甫。但不到一年，就找了个借口，把杜甫贬到华州做了司功参军。

杜甫到任华州司功参军不到一年，关中大旱，官无俸、民无粮，48岁的杜甫携全家被迫加入逃荒的人流，逃到今甘肃一带，采野菜为食。这期间，他忽闻诗友高适在川任刺史，诗友严武任川东节度使，就前去投靠。到了四川，杜甫受到两位老朋友的热情接济，这便有了"成都杜甫草堂"的故事，可见草堂也是在昔日朋友的帮助下建立起来的。

杜甫54岁这年，比杜甫大8岁的高适病死，比杜甫小14岁的严武也病死，失去了朋友的接济，杜甫只好领着家人再次离开成都，投靠夔州（今奉节）刺史。在夔州两年多，杜甫的工作是代管公田，自有果园数十亩，生活无忧，但饮食无节，其诗曰："多病久加饭""茗饮蔗浆携所有。"不仅饱食，还以甘蔗汁为饮。这些记载也成为日后医学界怀疑杜甫患有糖尿病的直接证据。

可见，从44岁开始，杜甫用了整整十年容身于战乱中，过着四处漂泊、居无定所的艰苦生活；直到55岁才暂住成都的草堂栖身，此后归于平凡草民之中。这期间，他写下大量关于凡尘俗世蝼蚁命运的诗篇。

57岁时，杜甫把果园送人，买舟东下江陵，投靠荆南节度使。可是却遭冷遇，他只好驾舟赴衡州，衡州刺史是杜甫的故友。舟行慢，兼游览，至衡州，才知故友早已调任潭州刺史。至潭州，故友突然病卒。欲赴郴州，杜甫有亲戚在郴州为官。至耒阳一带，舟小，为暴水所阻，十余日不得食。耒阳县令驾舟迎杜甫，以酒肉招待，可惜杜甫"一夕而卒"，享年59岁。

三 杜撰与真实

也许是名人效应，杜甫死后，有关杜甫的死因被传得五花八门。

杜甫的死因一直饱受争议。但是，有一点是大家公认的，那就是杜甫的身体状况一直不好。杜甫四十多岁的时候，已经是白发苍苍，看起来像是一位年过半百的老人。后有医学工作者分析杜甫身患多种疾病，包括肺疾、风痹、疟疾、糖尿病等，令他苦不堪言。虽然杜甫的身体不是很好，但实际上，他对于养生非常感兴趣，也懂一些药理、药性，掌握一些医药知识。此外，他对修道也非常感兴趣，曾经修炼多年，与很多道士结为朋友。年轻的时候，他还与好友李白一起去过王屋山，拜访过世外高人，想要学点长生之道，但不了了之。

对长生不老的追求是古代上自帝王、下至百姓的持续探索，杜甫对于仙丹、仙术的渴望，在他的诗作中也有体现。杜甫诗中多次出现过鼎炉、丹砂、金丹等跟炼丹、修仙有关的词句。但是，炼制丹药所需物品在唐代算是奢侈品，要想炼制需要一定的经济基础。像杜甫这种连温饱都成问题的人，恐怕难以坚持。为了实现自己养生的夙愿，杜甫经常去山上采药材，自己也会种一些，这样既能养生，又节省不少开支。很多时候采集到的名贵药材，杜甫自己不舍得用，还拿出去变卖换钱。

杜甫的诗歌一直以来都传递出饱满的情感，以及非常强烈的艺术感染力，被人称作"治愈系"的诗作，有"杜诗除疟"的美谈。据说，当年杜甫写完《姜楚公画角鹰歌》后，曾邀请好友郑虔进行点评。当时，郑虔看完后，说："足下此诗，可以疗疾。"当然，这话听起来像是恭维之词，但是，也能听出其对诗作的赞美。

以上，我们梳理了杜甫的一生。在众多的死亡原因中，到底哪一种更可信呢？在史学研究中，我们往往秉持"当时人记当时事，相对权威"的原则。关于杜甫事迹最早最可靠的史料，当然要数唐宪宗时元稹所写的《唐故工部员外郎杜君墓系铭并序》，这篇墓志铭是杜甫的孙子嗣业拜托元稹所写。可能限于墓志的体例"为死者避讳"的原因，没有直接写清杜甫的死亡原因，但也记载了杜甫"扁舟下荆楚，竟以寓卒"的句子，这个关键词"寓"即居处、住所之意。进而我们可以分析出，杜甫与李白的死因一样，均为病死。越是声名卓著的人物，越是街谈巷议的重点，传说也变成了传奇。因为墓志铭带有个人履历性质，具有较高的历史价值，从文字及内容上看，杜甫的墓志铭与官方正史中的《杜甫传》大致相似，我推测墓志铭也可能是《杜甫传》的蓝本。

杜甫生活在唐朝由盛转衰的时期，他的作品多涉及社会动荡、政治黑暗、人民疾苦，他的诗反映当时的社会矛盾，记录了唐代由盛转衰的历史巨变，表达了崇高的儒家仁爱精神和强烈的忧患意识，因而被誉为"诗史"。用杜甫自己的话来说，"穷年忧黎元"是他的中心思想，"济时肯杀身"是他的一贯精神。他拿这些来要求自己，也用来勉励朋友。正是这些进步思想形成了杜甫那种永不衰退的政治热情、坚韧不拔的顽强性格和胸襟开阔的乐观精神。

今天，我们分析了杜甫的死因，也同时感叹于杜甫将一腔热血用以诗文表达，将绝世才华完全奉献给了时代和人民。"感时花溅泪，恨别鸟惊心"，他怀着忧国忧民的心情，艰难地走完了坎坷曲折的一生。杜甫的一生颠沛流离，晚年依旧过着漂泊的生活。他去过的地方很多，这些地方根据杜甫的行踪与遗迹建立了许多纪念馆和纪念遗址，表达了后人对这位伟大的现实主义诗人的爱戴之心。

婢女之死与玄机之罪

唐代咸通九年（868 年），簌簌的秋风吹动渭水，将树上的一片金黄散落长安。才女鱼玄机的命运如同这飘飞的树叶，要随秋意而去。为什么呢？说来鱼玄机"摊上事儿"了，这事儿还不小。不过鱼玄机实在是太过光艳，以至于众多王公大臣纷纷为她求情，希望官员能够从轻判罚，减免她的罪行。见到这种情形，京兆尹只好将大家的意见汇总起来，连同案情一道上奏皇帝，请求圣上裁决。鱼玄机到底是位怎样的女子，能够让为数众多的达官显贵为她求情？她犯了什么错，以至于要被判处死刑呢？

一 被抛弃的命运

鱼玄机生于长安平民之家，本名蕙兰，后入道观，以玄机为名。元代辛文房的笔记小说《唐才子传》中记载：鱼玄机"性聪慧，好读书，尤工韵调，情致繁缛"，意思是她聪慧过人，爱好读书，有雅致的情调。作为才女，鱼玄机也出现在晚唐五代时期皇甫枚所撰写的笔记小说《三水小牍》中，记载她"色既倾国，思乃入神，喜读书属文，尤致意于一吟一咏"，意思是她具有国色天香之貌，又有一吟一咏之情。鱼玄机的天赋与容颜成就了自身盛名，却也令她走向末路。

才貌双绝的鱼玄机很早便与文人有所来往，温庭筠便是其中之一。咸通初年，经温庭筠居中联系，鱼玄机与才子李亿结为连理，成为他的小妾。李亿，字子安，唐宣宗大中十二年（858 年）高中状元。李亿来自世家大族。唐代承袭魏晋南北朝以来强调出身的传统，推崇有名望的高门贵族。宰相薛元超曾经说过："进士及第，仕林之荣也；娶五姓女，婚姻之荣也；撰修国史，文章之荣也。"所谓"五姓"，即崔、卢、李、郑、王五大姓，他们堪称"豪门中的豪门"。当时的人们都以攀附大姓为荣，当朝宰相也不例外。甚至皇帝想要与他们联姻，都被果断拒绝。出身于大族，又是前途光明的状元，李亿自然是站在金字塔尖的人物。尽管鱼玄机才貌过人，但来自普通人家的她与夫君李亿之间，仍然有着不可逾越的鸿沟，所以只能沦为正妻之下的妾。

婚后一段时间里，鱼玄机与李亿也曾有过美好的生活，这段经历让青春年少的她幸福不已。鱼玄机和李亿一起住在太原，李亿在刘潼的河东节度幕府中任职。在一首赠送刘潼的诗中，鱼玄机回忆她参与刘潼所举办的宴会之景，颂扬他在山西的政绩，并表达出对刘潼照顾自己丈夫李亿的感激之情。在另外一首诗《情书寄李子安》中，鱼玄机说"晋水壶关在梦中"，晋水和壶关皆在山西。鱼玄机在另一首后来撰写的诗《左名场自泽州至京使人传语》中，欢迎来自山西的老朋友左名场，并回忆了她在那里的快乐生活：她和丈夫及同在刘潼幕府的朋友一起吟诗、骑马、观景、欢聚、宴会等。从一首题为《打球作》的诗，我们还看到她有机会观赏士兵的球赛。

大都好物不坚牢，彩云易散琉璃脆。美好的东西总是短暂，不久后，刘潼从太原移任成都，李亿也在这时携鱼玄机返回了长安，在朝廷任补阙。可惜，京城风华并未带给鱼玄机太多的满足，反倒成为她美好生活的休止符。回到长安后，鱼玄机便被夫君李亿抛弃。至于二人分道扬镳的原因，一说有可能是正妻的妒忌。因为在被抛弃后，鱼玄机为曾经的夫君写过《情书寄李子安》一诗，诗中"书信茫茫何处问，持竿尽日碧江空"，这说明分手的主动权不在女方，诗中将这位痴情女子的心结显露无遗。第二种说法，鱼玄机并非一直与李亿同住，李亿后来入职湖北幕府，鱼玄机与他经常相见，却又不时分离。鱼玄机两首诗《隔汉江寄子安》和《江陵愁望寄子安》都表明了这种情形。这种情况说明正妻反感鱼玄机，拒绝小妾与他们合住。

唐代的妾身份卑微，与商品无异，《唐律疏议》曰："妻者，齐也，秦晋为匹。妾通卖买，等数相悬。婢乃贱流，本非俦类。若以妻为妾，以婢为妻，违别议约，便亏夫妇之正道，黩人伦之彝则，颠倒冠履，紊乱礼经，犯此之人，即合二年徒罪。"这句法律条文明确说明，妾的身份不同于正妻，妻妾除身份存在差别外，二者更不可相互变化，甚至从法律层面上彻底阻断了妾成为妻的可能性，意味着妾始终是地位低下的伴侣。倘若有人违反此举，还要被处以重罚。中唐宰相杜佑在妻子病殁后，不顾家人极力劝阻，执意将宠爱的小妾李氏扶为正妻，由此招致了各种非议。不仅如此，杜佑死后与他合葬的只有原配梁氏。杜佑多年的好友权德舆在为他撰写墓志时，也只记载了梁氏，对李氏只字未提。当时人对"以妾为妻"这种行为的鄙夷态度，由此可见一斑。

鱼玄机的遭遇并不是个案，而是这类事件的一个缩影。小妾往往凭借才色博取男性青睐，但由于她们出身卑微，且法律地位低下，对丈夫的依附性尤为强烈。一旦自身年老色衰，或是新人出现，或遇到正妻打压，她们便如雨中浮萍，漂泊无依。

二 风流的女道士

被抛弃的鱼玄机，之后又该何去何从？这时的鱼玄机进入人生的第二个阶段——她出家了。道观为她提供了短暂的避风港，在这里，鱼玄机拥有了相对广阔的空间。与李亿分别后，鱼玄机来到了咸宜观。唐代道教昌盛，女子入道为一时风尚，还有不少公主住进专为她们建造的道观。女道士中，有人清修静养，超凡脱俗；有人不拘法度，眷恋红尘；有人家贫无依，但求温饱安稳；还有人向往豪门生活，恣意放纵寻欢作乐；也有被公子哥儿狎玩的"半娼"。有一部分女道士在当时给人的印象比较含混、暧昧。

但是，很多男性文人乐意与女道士结交，颇能投缘。有姿色、有才华的女道士，既能谈玄论道，更富女性魅力，文人与之诗词酬答，眉目往还，实在惬意。特别是像鱼玄机这样的女道士，除了有姣美之姿，还能以歌舞娱人，流连诗酒，善解风情。

鱼玄机成为弃妇时才十六七岁，正是情感丰沛的年纪。"易求无价宝，难得有心郎"，在夫君极度淡漠的态度下，再热烈的真情也会冰凉。独立女性的故事不会发生在壁垒森严的专制社会，无奈之下，她只好放手，另寻出路。鱼玄机在与文士流连中，也曾觅得心上人。侍御史李郢就是她的目标情郎："出有山水之兴，入有琴书之娱"，深有雅致。鱼玄机对他倾慕不已，在写给侍御史李郢的诗《闻李端公垂钓回寄赠》里，她说："无限荷香染暑衣，阮郎何处弄船归。自惭不及鸳鸯侣，犹得双双近钓矶。"鱼玄机的暑衣浸染了荷香，心上人李郢却迟迟不归，鸳鸯双宿双飞的情形最是可望而不可即。《酬李郢夏日钓鱼回见示》又写道："住处虽同巷，经年不一过。"同住一条小巷，却难得往来，二人身份有着云泥之别，相处注定是无果而终的遗憾。

多情自古空余恨，好梦由来最易醒。鱼玄机在《迎李近仁员外》一诗中，将迎候情人喜上眉梢的心情描述得淋漓尽致。喜鹊、灯花仿佛都是李员外到来的吉兆，这位潘安似的才子身影怎么还未出现？她便忙着焚香祷告，等待上天对她的馈赠。她越是抓紧，真情越是匆匆逝去。"不羡牵牛织女家"，只此一面就将鱼玄机的心神全部勾走，多么用情，却又多么卑微。无论她怎样用力，换来的却是寒凉薄命，"多情却被无情恼"。云雨之欢、你侬我侬的激情过后，原先的意中人都潇洒离去，徒留鱼玄机暗自神伤。她也有过壮志豪情，"燕雀徒为贵，金银志不求"，借此慰藉那颗无处安放的心灵。不过，这终究是自欺欺人的叹息罢了。

作为才情过人的女性，鱼玄机难以耐得住寂寞，其实，鱼玄机并非红尘局外人，她整日交游于名利场中，自然少不了世俗牵绊。但内心的空虚岂能由世俗的喧闹所填满？她真正缺乏的，还是可以陪伴自己、填补内心孤独的如意郎君，夜半醒来，唯有愁思满腹。在《暮春即事》这首诗中，鱼玄机表现出对红尘纷扰、世间繁华有着许多羡慕与向往，她渴望融入其中，去感受其中的真与美。

最让她痛苦不已的，还是女儿身的内心纠葛。"云峰满目放春晴，历历银钩指下生。自恨罗衣掩诗句，举头空羡榜中名。""罗衣"即轻软丝织品所做的衣服，古人常以罗衣指代女性。鱼玄机满腹才情，只因自己身为女性无法参与科举。科举制度参与人员有着非常明确的规定。在古代，能够参与科举本身就是一种特权的象征，尤其在科举出现不久的唐朝更是如此。《旧唐书·职官志》载："凡习学文武者为士，肆力耕桑者为农，巧作器用者为工，屠沽兴贩者为商。工商之家不得预于士。"从事工商行业的人没有科举资格，只有以农为生的百姓方可入仕。至于女性，科举的狂欢更不属于她们，即使出身再高贵，个人再有才情，也只能以陪衬的角色出现。每到放榜时，妙龄女子争先恐后一睹举子风采，挑选如意郎君，每次看到这样的场景，鱼玄机总深深地感到作为才女的悲哀。

这么多年来，鱼玄机的诸多男性友人，并没能让她收获两心相许的安详。她处心积虑想捕捉、把握的情爱也好，归宿也罢，尽是虚无缥缈。女性的身份注定了她无法大显身手；过人的才华，孤傲的性情，反倒成为鱼玄机的负累。长久以来积压的各种不满、委屈与苦痛，最终把她推向了一条不归之路。

三　婢女绿翘之死

早春的某天，鱼玄机应邀前往朋友处寒暄。出门时，她吩咐婢女绿翘，若有客人前来，告知客人自己在何处即可。说罢，快意而去。这天的鱼玄机应该很快乐，与姐妹聊了很久，直到日暮方才返回。绿翘赶忙为主人开门，并说刚才有位男子前来，听闻鱼玄机外出，未曾下马便扭头离去。

鱼玄机心想，这位客人与自己向来亲昵，为何今日走得这么果断？一定是绿翘和他之间留有私情。鱼玄机越想越不对劲，开始怀疑婢女。这套说辞必定是绿翘私下寻欢的借口，鱼玄机顿时怒火中烧。入夜，鱼玄机点上烛火，关住窗户，立即叫来这位"胆大"的绿翘严厉询问。四下全无人声，在鱼玄机的咆哮声中，周围院落显得格外寂静。

绿翘连忙解释道："小姐，我服侍您这么多年，我每天都谨慎有加，时刻反省自己有无不当之处。客人只是在门外闻讯，知道您外出游玩，随即策马离去，始终未曾进入小院。至于您说的男女情爱，哪有的事儿，主人您不要怀疑我！"

婢女绿翘也是有着明慧的美貌，她服侍鱼玄机多年，能够察觉鱼玄机的脾气越来越古怪。这几年，主人屡次被男人抛弃，前来交往的男性，有时顺便投向绿翘哪怕一星半点的眼光，都令鱼玄机对她渐生防范、嫉妒。合理推测这时候的鱼玄机已有心理疾病。对于鱼玄机容易泛酸、小心眼儿，绿翘已经心知肚明，被责问时才会忙不迭地表白：自己既无意于儿女情长，平日里更是小心翼翼，善自收敛，谨守分寸，生怕触及鱼玄机的忌讳。

听完绿翘的解释，鱼玄机更加暴躁，愤怒摧毁了她的理智。她脱掉绿翘的衣服，鞭打了数百下，依旧没有得到自己想要的答案。她的满腹才华，她的爱而不得，都成为手中一次次抽向绿翘的鞭子。无法向世俗抗争的鱼玄机，只能将长久以来的种种委屈以如此极端的形式发泄到地位更为卑贱的婢女身上。那一刻，鱼玄机的内心充满了孤独，充满了不甘。

绿翘此时已奄奄一息，瘫倒在地，便要了一杯清水代酒浇在地上表示祭奠。之后说道："您想求'三清'仙境的长生之道，却未能忘怀情爱之欢，反而以刻毒的猜疑之心，诬害贞洁女子。看来我今天必定死于你的毒手。如果上面没有青天，我也就无处申诉了；如果上天有灵，那谁能到阴曹地府阻住我的灵魂？我绝不能白白丧生，愚蠢地混杂在幽冥之中，放纵你在人间淫乐！"说完，绿翘气绝身亡。

看到绿翘已死，鱼玄机顿时清醒，她惊恐万分，连忙在后院挖坑将尸体掩埋，自以为无人知晓。过后，有客人来不见绿翘，便问其去处，鱼玄机则称春雨放晴后她趁机逃跑，不知去向。徜徉于红尘的女子最是不甘寂寞，侍女的死毫不影响鱼玄机聚会的雅兴，这位风流才女依旧宴饮不断。

纸终究包不住火。一天，宾客们在鱼玄机家中相谈甚欢，有位客人外出如厕，见后院某处空地上方有数十只苍蝇嗡嗡作响，挥之不去。仔细一看，淡淡的血痕隐约可见，同时发出刺鼻的腥臭味。宴会终了，客人将此事告诉仆人。仆人随后又把事件本末透露给自家兄长。巧的是，这位仆人的兄长是维持治安的吏卒，曾向鱼玄机索要过财物，被她拒绝，之后一直怀恨在心。听闻此讯，他立刻赶往咸宜观门前窥察动静，门口闲聊的人也很奇怪绿翘为何失踪。于是，吏卒趁机呼唤同伙，携带铁锹，突入道观，冲向可疑之处发掘。不一会儿，他们就挖出了绿翘的尸首，只见绿翘面色红润，栩栩如生。吏卒随即向京兆府禀报此事，鱼玄机被捉拿归案。

审讯之下，鱼玄机道出了事情原委。这也出现了刚开始的那一幕，同鱼玄机有染的王公大臣纷纷向京兆尹施压，京兆尹无奈，只得上奏中央，奏请皇上亲自裁决。最终的结果是鱼玄机被处死，留下后人唏嘘感叹，这位风流才女的故事至此告一段落。

故事虽有结尾，但其留下的谜团却困扰着千百年来的人们。因为，判决鱼玄机杀婢女案的审理程序并不符合常规。《唐六典》记载："凡有犯罪者，皆从所发州、县推而断之，在京诸司，则徒以上送大理，杖以下当司断之。"也就是说，在长安犯罪的鱼玄机理应送到京兆府，如若是徒刑以上的重罪，则要移交大理寺。徒刑即劳役之刑，"徒者，奴也，盖奴辱之"。该规定令罪犯如奴隶一般备受屈辱。但"府吏诘之辞伏，而朝士多为言者。府乃表列上，至秋竟戮之"。京兆府在无法审判的情形下却越过大理寺，将鱼玄机案卷径直上奏君主，似乎不合规矩。

绿翘身为鱼玄机贴身奴婢，并无过错，而是在主人情绪失控下被虐待致死。那么奴婢死亡，作为肇事者的主人应该怎么判呢？《唐律疏议》规定"诸奴婢有罪，其主不请官司而杀者，杖一百。无罪而杀者，徒一年。……奴婢贱隶，虽各有主，至于杀戮，宜有禀承。奴婢有罪，不请官司而辄杀者，杖一百。"唐代主人打死仆人的事件并不罕见，而那些杀人者并非都被判处死刑。例如，《旧唐书》中记载，宰相房琯的儿子房孺复杀死其妻的乳母，而其妻崔氏也杀死两个女仆，但房琯仅被罚贬官，崔氏被罚离婚。

鱼玄机杀婢女案可适用什么条款呢？如果单纯地参考法律条文，可适用"无罪而杀者，徒一年"的条款，然而最终的审判却让鱼玄机香消玉殒。所以不少人认为这是千古冤案，鱼玄机的死是皇权左右判罚、影响司法公正的例子。但我们要认识到，传统社会中的律法本就是维护专制统治的工具，帝王的诏命同样具备法律效力。再者，鱼玄机的案情之所以上达天听，原因在于朝中官员的纷纷施压，干扰了京兆尹的正常判罚。在这一环节无法开展的情形下，交由最高统治者审判恰恰是维护司法公正的选择。按照唐律规定，鱼玄机罪不至死，但权贵已经干预此案，皇帝刻意重罚既是对鱼玄机的惩处，更有可能是对官员的警示。

《唐才子传》对鱼玄机的才情作出了高度评价，"观其志意激切，使为一男子，必有用之才"。意思是说，如果鱼玄机是男儿身的话，必定是有用之才。但她所处的时代没有那么多的自由，一介弱女子又如何反抗得了？传统社会的女性，即使才华横溢，也难逃"零落成泥碾作尘"的宿命。同鱼玄机类似的薛涛等人皆是如此，她们有着非凡的才情，却只能辗转于名利场间，沦为才子们的玩物。"诗家利器驰声久，何用春闱榜下看？"这首诗反映出鱼玄机拥有何等的胸怀气度，但倘若真的不在意，又何必写诗明志？刻意展现得潇洒坦荡，其间深藏着悲凉的底色。

宰相喋血街头案

　　唐代元和十年（815 年）六月的一天，长安城天色微明，报时的晨钟刚刚敲过，大唐帝国的宰相武元衡骑着马，带着仆人走出靖安坊的东门，沿着启夏门到兴安门，这里长度约 1000 米，宽度也有 100 米左右，沿南北向的大街左侧行进，目的地是大明宫。武元衡等几十人刚走出靖安坊东门，从昏暗的路边传出一声低呼："灭烛!"立刻，宰相府的侍从卫士所带的灯笼就被暗处飞来的箭矢射中，数名仆人也被箭矢射中。隐蔽在暗处的几个黑影扑了上来，其中有几人与武元衡的侍从卫士格斗，一人扑向武元衡。是谁这么大胆，光天化日，天子脚下，胆敢刺杀当朝宰相？凶手是谁，他与宰相有什么恩怨吗？

一 宰相被刺杀

武元衡出身官宦世家，曾祖父是武则天的堂兄弟，父亲是礼部侍郎武就。他自幼聪慧好学，博览群书，长于诗文，而且神貌俊朗，风神洒脱淡雅。建中四年（783年），武元衡参加科举考试，一举金榜题名，进士及第，后任华原县令。官至宰相的武元衡也是当时著名的诗人，才华横溢。据《新唐书·武元衡传》记载，"德宗钦其才，召拜比部员外郎，岁内三迁至右司郎中，以详整任职。擢为御史中丞。尝对延英，帝目送之，曰：'是真宰相器！'"这段记载说明唐德宗非常欣赏武元衡的才学人品，一年内让武元衡连升三级，还夸他是"真宰相"。元和八年（813年），唐宪宗召武元衡还朝，继续任宰相。当时，淮西镇勾结河北诸镇，遥相呼应，抗拒朝廷，成为朝廷的心腹大患，朝中又派系林立，钩心斗角，有些重臣与藩镇私下串通，沆瀣一气，甚至暗中助纣为虐。唐宪宗为此头疼不已。那么，宰相的被刺是不是与藩镇有关呢？

当天早上的刺杀案，在第一轮暗箭袭击中，宰相武元衡的肩头被射中一箭，在马上摇摇欲坠。这些刺客十分冷静且有章法，战斗力也极强，那名扑向宰相大人的刺客一把拉住了武元衡的马，先是用大棒猛击他的左腿，让武元衡疼痛之下无法下马，失去抵抗能力。说来这刺客训练有素，非常冷静地将武元衡的马牵着往前走了十几步，观察到自己的同伙已经将宰相府的侍卫仆人打得四处逃窜，才将宰相武元衡扯下马来，不慌不忙地割去了宰相头颅。同伙一齐扬长而去，消失在黎明前的黑暗中。

等到武元衡的仆人侍卫小心翼翼地赶回来，只看到了地上躺着一具穿着宰相袍服的无头尸体。中唐时期最有名的宰相武元衡就这样在大唐长安的大街之上，在去往朝堂的天子脚下，惨遭毒手，横尸街头，享年57岁。

不只武元衡被刺，当时武元衡政治上的得力助手、朝廷中力主削除藩镇、平定割据势力的代表人物裴度也从长安通化里宅所出门上朝。埋伏着的刺客冲出来扑向裴度，用剑向他击刺三下：头一剑砍断了裴度的靴带；裴度转身逃跑之时，第二剑刺中背部，仅仅是划破内衣；刺客似乎只有一个人，他对裴度死追不放，第三剑砍向裴度的头部。裴度跌下马来，还好那天他头戴毡帽，受伤不重，徒步继续逃跑。刺客又挥剑追杀裴度，裴度的随从王义扑上前从身后抱住刺客，以身护主，结果，裴度还是被刺客回手一剑砍断了右手。这时，失血过多的裴度跌进了路边的水沟，一动不动地装死，刺客上前看了一下，以为他真已死，方才罢手。

宰相喋血街头案发生后，负责巡逻的衙役已经把刺客刺杀宰相的事传播出去，直达朝堂之上。百官大惊失色，连皇帝唐宪宗也惊诧不已。京城上下陷入了恐慌，需要上朝的高官显贵们等着天亮才敢出门，唯恐自己是下一个被暗杀的目标。唐宪宗本来在御殿等着百官早朝，一直等到中午，朝廷大臣还未到齐。

说来也巧，武元衡在被刺杀的前夜，似乎早有预感，因为他写了一首具有谶纬意味的诗，题目是"夏夜作"："夜久喧暂息，池台惟月明。无因驻清景，日出事还生。"这首诗虽然是写景和心情，但透过写寂静的深夜没有了白天的喧嚣，唯有那明月高高地悬在夜空，照着池台，最后一句"日出事还生"，似乎说明冥冥之中，灾难在不知不觉之中悄悄临近。是他早有预感吗？

二　嚣张的凶手

凶杀案发生后，舆论哗然。唐宪宗为宰相武元衡被害而悲痛，下诏赠官为司徒，谥号忠愍。兵部侍郎许孟容对唐宪宗说："自古未有宰相横尸路隅而盗不获者，此朝廷之辱也！"唐宪宗深有同感，他极为震怒，下令全力搜捕，获贼者赏钱万缗，官五品；敢庇匿者，举族诛之。于是，在京城长安开展了大搜捕："公卿家有复壁、重橑者，皆索之。"可见，宪宗因为宰相被杀而大怒，诏令长安全城内外大搜捕，公告获刺客首级者赏钱万贯，官五品；有敢包庇藏匿者，举族诛之。皇帝还下令在东市西市公开展示万贯钱财，有能告发举报者立时可以拿到赏钱。同时，在城门口严加查访，凡是身材高大的、穿着奇异的、说着燕赵等地口音的可疑人员，统统先抓起来验明正身。

不过，面对风声骤紧的局面，那些刺客却极其嚣张，公然写纸条投书给长安城的府县衙门以及把守城门的禁军："毋急我，我先杀汝。"意思是：你们别逼急了我们，否则我就先杀了你们。那些衙门捕吏和禁军士兵也是头一次遇到如此嚣张的对手，他们哪里见识过如此胆大包天的人，把当朝宰相杀了不说，还胆敢继续威胁朝廷。

武元衡被刺与裴度负伤，在朝廷官员中也造成了恐慌。唐宪宗诏令公卿参加朝会，允许以家奴持兵器护卫出行，其他几位宰相则由禁军护送出行，沿途路过的每个坊里都会被禁军搜寻，搞得全城鸡飞狗跳。三日之后，裴度伤还没好，但已经坚持来上朝了。其实，关于凶手是谁，皇帝和朝官心里也有数。

武元衡被杀与裴度遇刺一定和他俩平时的政治主张有关，因为他们俩坚决主张讨平淮西藩镇。所以，此次刺杀案最大的怀疑对象就是极力反对朝廷出兵淮西吴元济的成德镇王承宗、淄青镇李师道等地方藩镇长官。在如何对待日益崛起的藩镇问题上，朝中历来存在主战派与主和派两大阵营。武元衡是坚定的主战派，而且是主战派的核心人物，主张必须不惜血本坚定不移地实施武力镇压。宪宗立刻下诏委任裴度为门下侍郎、同中书门下平章事，坚持执行武元衡的政策，加紧讨伐淮西藩镇吴元济。当时，淮西镇勾结河北诸镇，遥相呼应，抗拒朝廷。元和九年（814 年），淮西节度使吴少阳死，其子吴元济匿不发丧，伪造吴少阳奏表，请以吴元济为代理淮西节度使，朝廷不许，吴元济举兵反叛。

有人建议罢免裴度，以安抚王承宗和李师道。唐宪宗大怒，说："若罢（裴）度官，是奸计得行，朝纲何以振举？吾用度一人，足以破此二贼矣！"并任命裴度为宰相，主持对淮西的战事；而裴度也认为："淮西，腹心之疾，不得不除。且朝廷业已讨之，两河藩镇跋扈者，将视此为高下，不可中止。"

吴元济之所以敢于公开举旗造反，很大程度上是由于有其他藩镇的怂恿与支持，成德军节度使王承宗、平卢淄青节度使李师道等都暗中与吴元济勾结。王承宗上疏请求赦免吴元济，遭到武元衡的严厉斥责。李师道心狠手辣，他派出部队伪装盗贼去焚烧河阴（今河南荥阳东北）的粮食，企图破坏唐军的军需供应。

诗人白居易刚好是宰相被杀案的现场目击者，他上朝时亲眼看到武元衡遇刺时的惨状。武元衡与他曾经诗歌唱和往来，还共同喜欢过当时的美女诗人薛涛，两人既是同僚又是朋友。当天，白居易义愤填膺地向宪宗皇帝紧急上奏，要求尽快缉捕凶手，以告慰宰相武元衡的在天之灵。虽然白居易属于仗义执言，但他提出的观点却不受欢迎，其他的宰辅大臣们认为白居易是"越职言事"，因为此时的白居易在诗文上很有成就，但官职却是小小的太子左赞善大夫，这个职位属于辅佐太子的闲职。

还有人上奏唐宪宗，要求罢免白居易，起到迷惑嫌犯的作用。宪宗皇帝此刻没有耐心来对付这些文人，随便找了个理由将白居易贬去江州。

三 凶手被抓获

杀死宰相的凶手是谁呢？

成德节度使王承宗曾上表替吴元济求过情，还曾经诋毁、威胁过武元衡，所以他的嫌疑很大；正巧，王承宗在长安府邸中的士卒张晏等人举止反常，神策军将军王士则向朝廷控告，怀疑是王承宗安排张晏等人刺杀武元衡。于是，神策军逮捕了张晏等人，交给京兆尹和御史共同审讯。在严刑审讯下，张晏等人就供认了刺杀武元衡的罪行。但是，宰相张弘靖则认为案情有疑，建议再深入调查一番。唐宪宗不听，为了朝廷的脸面，下令将张晏等人统统处死，并有了进一步讨伐王承宗的打算。

此时的唐宪宗已经失去耐心，六月三日发生凶杀案，在六月二十八日诏斩张晏等五人，杀其党羽十四人，从速从重。同时，朝廷宣布与成德节度使王承宗断绝关系，暂时不加以征讨。

为什么态度有所转变呢？因为真正的刺客并未捕获，成德节度使王承宗拒不承认是自己指使了刺杀事件。

这一年的八月，东都洛阳擒获了一批在城中作乱的人，这批人是淄青节度使李师道的部下訾嘉珍、门察，还有一名谋士——嵩山的圆静和尚。圆静和尚已经八十多岁了，从前是史思明叛军的将领。被抓的时候，唐军力士椎其胫骨，不能折断，老和尚圆静大骂："你这没用的小子，人的脚都打不断，算什么健儿！"当下就自断腿骨，死之前还叹息："败吾事，看不到洛阳城流血了！"这80岁凶悍老和尚是安史之乱的余孽，应该对唐朝有着刻骨仇恨。而那些留守洛阳的李师道的部下，同样来者不善。

洛阳方面对这帮凶悍绝伦、对唐朝廷心怀深仇大恨的人物反复审讯，确认訾嘉珍、门察才是杀害武元衡的主凶，主使人是淄青节度使李师道。在武元衡、裴度力主讨伐淮西之时，李师道的幕僚们认为："天子专心一意地声讨蔡州的根由，在于有武元衡辅佐他，如能秘密地去刺杀武元衡，其他宰相不敢主张讨伐蔡州的谋划，就有机会劝说皇帝停止用兵了。"所以，李师道才决定刺杀武元衡等主战派大臣，以救蔡州。

后来，朝廷经过分析研判，发现凶杀案案发之时，被抓住的留守洛阳的那伙人，应该只是十几名刺客的一部分，其余的已经逃归淄青节度使李师道所辖地区。之前，成德节度使王承宗的手下士兵张晏等人在长安城已被斩，没有人再提起这件事了。真正的凶手抓获后，朝廷着手征伐吴元济。

就这样，征讨吴元济的战争打了近三年，互有胜败，进展并不大，一些大臣建议罢兵休战。但唐宪宗坚决不同意，坚持要将战争进行到底，并任命大将李愬为唐邓节度使，参与对吴元济的战争。同时，又任命裴度以宰相身份赴淮西前线督师。元和十二年（817 年）冬，李愬在风雪交加之夜，趁敌军放松警戒之时，采用奇袭的方式率军突袭蔡州，吴元济猝不及防，兵败被擒，后被押送长安处斩。

淮西被平定极大震慑了王承宗和李师道。虽然之前对王承宗的讨伐战争并不顺利，但吴元济被擒之后，王承宗请魏博节度使田弘正向朝廷求情，表示愿意归顺朝廷，答应以后"输租税，请官吏"，在财政和人事任命方面听从中央的安排，唐宪宗顺水推舟答应了。李师道一看，王承宗被招安了，自己也表示愿意归顺。但他后来又反悔了。于是，唐宪宗于元和十三年（818 年）发动了讨伐李师道的战争。结果在唐军围困之下，李师道被部将刘悟杀死。

在搜检李师道的文档时，发现了刺杀武元衡的真正刺客王士元的证据，还有行贿被收买放走王士元的潼关等地官吏的奖励证据。田弘正将涉嫌刺杀武元衡的王士元等16人交给朝廷，由京兆府和御史台共同审讯。在审讯过程中才得知，当时王承宗和李师道都派了刺客，但王承宗派出的张晏等人先到，动手杀了武元衡；而王士元等人赶到时，武元衡已死，他们便谎称是自己杀了武元衡，回去向李师道邀功请赏。鉴于多路不听命于中央的藩镇均已平定，唐宪宗不愿再深究，下令将王士元等人处死，也算是了结了此案。

梳理"宰相喋血街头案"，我们发现自安史之乱后，唐朝中央的权威受到挑战，形成了藩镇割据的局面。不少节度使拥兵自重，控制了地方的军政、财政、司法大权，朝廷权力日益削弱。唐宪宗即位后，为了改变这种局面，开始了遏制藩镇势力膨胀的削藩战争，而地方藩镇悍然以武力相对抗，发生了轰动一时的刺杀当朝宰相武元衡案。这一案件促使唐宪宗下定决心彻底解决强藩拒不服从中央的问题，并最终将凶手绳之以法，维护了中央政府的权威，终于成就了"元和中兴"的良好局面。

消失的她与它

在电影院线上映的影片《消失的她》曾引发广泛热议。影片讲述了何非的妻子李木子在结婚周年旅行中离奇消失，从而牵扯出一个惊天大案的故事，让观众在解开层层悬念的同时，对人性中的善良与丑恶唏嘘不已。其实，在国内版《消失的她》出现之前，美国著名导演大卫·芬奇拍摄过一部由同名小说改编的悬疑电影，名叫《消失的爱人》。影片的主角是一对恩爱夫妻，然而，五周年结婚纪念日那天，妻子却突然失踪。随后丈夫通过各种方式，拼命寻找妻子，不料等待他的却是一场精心策划的阴谋。这部电影剧情生动、画面丰富，上映后广受好评，一举拿下多个奖项。

其实，一千多年前的唐朝就曾上演过现实版"消失的她"。与电影相比，唐朝这位寻找爱人的丈夫不但身份非同一般，而且有着更加惊险曲折的经历。唐朝版《消失的她》到底是怎样的故事？唐朝的官员如何侦破疑案？让我们来一睹唐人笔下"神探"的风采。

一　失踪的小妾

　　武周时期，洛阳城中，有一天驸马崔宣发现自己的爱妾不见了。正当他寻找之时，几位官差突然来到崔家。一看到官差，崔宣准备将爱妾失踪之事报案，结果，得知对方的来意后，崔宣仿佛收到了晴天霹雳。原来，有人举报崔宣意图谋反，举报者还说，崔宣的小妾根本不是失踪，她发现了崔宣的阴谋，准备告发之时惨遭崔宣杀人灭口，尸体被扔进了洛水之中。听到这些消息，崔宣目瞪口呆，还没来得及辩解，就被逮捕下狱。此刻的他，用一句流行语来说，真的是"人在家中坐，祸从天上来"，不仅爱妾生死不明，自己还背上了杀人、谋反这些足以被灭族的罪名。正当崔宣万念俱灰时，一个人的出现使案情迎来了转机。

　　此人名为张行岌，在朝中担任御史，武则天指派他去调查崔宣谋反杀人一案。经过多日的调查审问，张行岌发现崔宣并没有谋反的动机和证据，于是他上报武则天，建议将崔宣无罪释放。看到这个结果，武则天很不满意，命令张行岌重审。又一轮调查过后，张行岌还是按照上次的结论奏报。武则天有些生气，她说道："崔宣反状分明，汝宽纵之。我令俊臣勘当，汝无自悔。"（《大唐新语》第 4 卷《持法》）意思是，崔宣造反的事实已经很清楚了，你还要故意袒护他。这件事你不用管了，我让来俊臣负责审理，到时候查出结果，你可不要后悔。来俊臣是当时有名的酷吏，审案时常常罗织罪名，严刑逼供，犯人在他手下总是性命难保。听到武则天这样说，张行岌明白，她是准备置崔宣于死地，于是赶忙回答说："臣推事不弱俊臣，陛下委臣，必须状实。若顺旨妄族人，岂法官所守？臣必以为陛下试臣矣。"意思是说，我办案能力的确不如来俊臣，不过陛下委派我审案，我必须据实奏明。如果为了顺从您的旨意而处死崔宣一家，这不是法官应当做的事情，我认为您这么说是在试探我。看到张行岌如此"顽固不化"，武则天怒不可遏，她对张行岌表示："要是崔宣没有想谋反，那他为什么要杀害自己的爱妾？找不到崔宣的小妾，即使说破天也证明不了崔宣的清白，我马上就派来俊臣接手此案，你千万别后悔。"

武则天是一名富有智慧的政治家，为何在明显缺少证据的情况下，她仍坚持要给崔宣定罪呢？作为中国历史上唯一的女皇，武则天在统治期间无时无刻不面对巨大的压力，反对她的势力层出不穷，其中最主要的当属李唐宗室成员。垂拱四年（688年）武则天尚未称帝时，越王李贞、李冲父子纠合多名宗室，举兵反抗武则天当政，给她造成了极大的震撼。在镇压这次反抗活动后，武则天开始大肆屠戮李氏子孙，直到称帝后仍对李唐宗室严加防范。崔宣虽然不是李氏血亲，但他娶了唐高祖李渊的女儿馆陶公主，是李唐外戚中的重要成员。唐朝时期，社会上存在一些延续数百年的世家大族，这些家族相互联姻，族中子弟遍布朝堂，拥有巨大的影响力。出身于寒门的武则天对这些家族十分忌惮，常常借故予以打击。崔宣的家族崔氏，正是当时地位最尊贵的"五姓七望"之一。崔宣兼具外戚与士族成员双重身份，武则天自然不愿轻易放过他，她准备用崔宣一家的性命来震慑自己的政敌。

听到平日里雷厉风行的女皇连续两次放出狠话，张行岌感受到了一股寒意。他赶忙联系崔宣的家人，通知他们一定要尽快找到失踪的小妾，否则必将大祸临头。正当崔家人一筹莫展，不知从何处找起时，崔宣的一个再从弟（同一曾祖的弟弟）崔思竞提出了建议。他认为，在偌大的洛阳城中找一个人无异于大海捞针，不如派人在城区的中心地带，也就是中桥附近多方打听，同时贴出"寻人启事"，用绢布当作悬赏，说不定会有收获。随后崔家人便按照崔思竞的指示行动起来。一连过了好几天，小妾的下落仍没有音讯。无奈之余，有一件奇怪的事引起了崔思竞的注意。这些天崔家人每次私下商议的内容都会被告发崔宣的人得知，因此告发者总是能在崔家人行动前采取措施，致使崔家的计划无法实现。崔思竞意识到，家中有内奸。为了揪出内奸，崔思竞苦思冥想，最后心生一计。

一天，家人们正在商讨营救崔宣的办法，崔思竞突然大声对崔宣的妻子说道："既然一时半会找不到人，我们干脆拿出三百匹绢布，雇人杀掉那个诬告兄长的人算了。"第二天一早，崔思竞乔装打扮，走到御史台附近隐藏起来。唐朝御史台设有暂时关押犯人的监狱，由于还没有结案，举报崔宣的人也在御史台暂住。过了一会，他看到一个熟悉的身影向御史台走来。这个人姓舒，来自婺州，是崔家的门客。这人平时言行举止都很得体，办事也勤快，崔宣对他十分信任，待他如子侄一般亲近。舒姓门客在附近张望了一番，随即从侧门走进御史台，向举报者住的房间走去。过了片刻，举报者对御史台的官员大喊："崔家人要找刺客杀我，你们快派人保护我。"听到此言，台中议论纷纷，乱作一团。崔思竞万万没想到，内奸居然是自己平日里如此敬重的人，他恨不得冲上去将此人痛打一顿。经过冷静思考，崔思竞还是选择不动声色，暗中跟踪门客。他一路跟随门客走到离御史台足够远的天津桥，随后走到门客面前，对他破口大骂："你这个忘恩负义的无赖！崔家出事了，你作为门客肯定也会受牵连，你居然蠢到觉得自己能逃脱干系。"门客既恐惧又惭愧，一句话也说不出来。崔思竞接着说道："现在给你两条路走，要么你把人交出来，我给你五百匹缣，足够你回家养老。否则，我必定会杀了你。"眼看事情已经败露，门客只好老实交代出他们藏匿小妾的地点。紧接着，崔思竞带人解救出了失踪多日的小妾。案件真相大白，小妾的出现令举报者的言论不攻自破，武则天只好同意将崔宣无罪释放。史书中的记载到此结束，但事情不能这样不明不白地结束。

我们可以根据当时的法律，推测一下诬告者要面临怎样的处罚。《唐律疏议》第 23 卷《斗讼》第 341 条"诬告谋反大逆"规定："诸诬告谋反及大逆者，斩；从者，绞。若事容不审，原情非诬者，上请。若告谋大逆、谋叛不审者，亦如之。"

诬告他人谋反者，首犯处斩，从犯处绞。如果因事出紧急，来不及细察而导致不小心诬告，则不能定为此罪。本案中的举报者，其行为属于有计划、有目的诬告，等待他的，很可能是斩刑。

唐朝版"消失的爱人"出自笔记小说《大唐新语》，正史中未见此事。不过据《新唐书·诸帝公主传》记载，唐高祖第十七个女儿"馆陶公主，下嫁崔宣庆。"此处的"崔宣庆"应当就是本案中的"崔宣"。御史张行岌的事迹则可以在《旧唐书》中找到。因此《大唐新语》的作者刘肃在描述崔宣案时，应当是以真实事件为底本的。本案中，崔思竞巧妙设计，引蛇出洞，洗刷了兄长的冤屈，足可以称得上是一位民间神探。张行岌意志坚定，即使在皇权的压力下也不肯枉法，同样值得敬佩。

说完民间神探，我们再说一位官方神探。这位神探名叫"苏无名"，他的形象出自牛肃创作的传奇小说集《纪闻》。牛肃主要生活于武后、玄宗时期，他将生活中所见所闻记录下来，编纂成书籍。书中有不少篇目，如《吴保安》《牛成》《裴伷先》等，都取材于真人真事。下面这个故事也发生于武周时期的洛阳城中。有一桩盗窃案惊动了武则天，为了找出窃贼，她又准备挥起屠刀。窃贼究竟偷了什么东西，导致武则天如此愤怒？苏无名将会运用什么方法侦破此案呢？

二 智擒盗窃贼

作为武则天唯一长大成人的女儿，太平公主不仅相貌出众，而且性格和行事作风都非常像自己的母亲，所以武则天对她一直是百般宠爱。有一次，武则天赐给太平公主两盒珍宝，这些珍宝价值"黄金千镒"，也就是折合黄金两万四千两。太平公主小心翼翼地把它们藏在密室里。过了一年多，公主走进密室，发现两盒珍宝居然不翼而飞了，她赶忙入宫，把宝物失窃一事告诉武则天。武则天一听，竟有人敢偷自己送给女儿的东西，她勃然大怒，立即召见洛州长史，说道："三天之内抓不住盗贼，就判你的罪！"长史被吓得心惊胆战，他找来手下主管捕贼的县尉，要求他两天之内必须破案，否则就等着接受死刑。县尉又对自己的手下说："给你们一天时间抓住犯人，不然就杀了你们。"据《唐六典·尚书都省》所载《公式令》规定："凡内外百司所受之事，皆印其发日，为之程限……狱案三十日（谓徒以上辨定须断结者）。""程限"是指官吏从受事到处理完毕的期限。根据法律规定，徒刑以上的狱案，判案程限为三十日。武则天要求三天之内破案本就不符合法律规定，长史、县尉层层加码的做法更是过于苛刻。能在太平公主密室中偷走宝物的岂是一般小偷？几天之内抓到犯人无疑是一项不可能完成的任务。县衙的吏卒们感到无比绝望，为了求得一线生机，他们只好走上街头碰碰运气。

天无绝人之路。吏卒们在街上偶遇一人，此人面貌看着有几分熟悉。过了一会儿，有吏卒想起来，这个人就是大名鼎鼎的破案专家苏无名。吏卒们看到苏无名仿佛看到了救星，他们簇拥上前，跟苏无名报告了案情，随后带领苏无名返回县衙。听到大厅里吵吵嚷嚷，县尉出来查看，发现手下们正带着一个陌生人走过来，他心想：难道这么快就抓住窃贼了？正当县尉疑惑时，苏无名主动开口："我是湖州别驾苏无名，现在正在京城办事。"别驾的官品高于县尉，得知来人身份，县尉对着吏卒们骂道："你们太无礼了，居然让苏别驾屈尊来到这里。"苏无名笑着说："你不要怪他们，我来到县衙是有原因的。从我任官以来，在擒拿奸邪之人方面做出过　些成绩，从没有窃贼能从我手中逃走。想必吏卒们听说过我的事，所以请我来帮忙。"县尉非常高兴，马上询问苏无名有什么办法破案。苏无名表示要跟县尉一起去见洛州长史。见到有神探相助，长史激动不已，他握着苏无名的手说："今日遇公，却赐吾命，请遂其由。"（《太平广记》第 171 卷《精察一》引《纪闻》）意思是说："今天遇见您，我的命算是有救了，您准备怎么抓住窃贼？"苏无名回答："请带我去面见圣上，到时候我才能说。"

听说有人主动请缨捉贼，武则天便下令召见苏无名。她半信半疑地问道："你真能抓到罪犯吗？"苏无名答道："陛下若是委任我破案，请不要限定时间，宽恕长史、县尉，不要让他们追查此案，把负责擒盗的吏卒都交给我指挥，几十天之内我一定会抓住窃贼。"武则天应允了苏无名的请求。一晃许多天过去了，苏无名始终按兵不动。一个月后，到了寒食节那天，苏无名召集所有手下人，吩咐道："你们五人或十人一组，分别去城东门和北门一带守候。如果看到有十来个身穿孝服的胡人出城去邙山扫墓，就跟踪他们，并派人回来报告。"接到指示，吏卒们迅速行动起来。几个时辰后，有吏卒来向苏无名报告，说看到一伙胡人向邙山方向走去。苏无名赶到现场，问负责跟踪的吏卒，那些胡人有什么举动。吏卒说道："胡人们走到一个新坟前，设奠扫墓。不过他们光打雷不下雨，哭声不小，却丝毫没有悲伤的表情。过了一会儿，他们撤掉祭品，绕坟墓走了一圈，还互相对视微笑。"听完汇报，苏无名微微一笑，说道："这下窃贼们跑不了了。"他命令吏卒们将这些胡人尽数逮捕，并指挥吏卒挖开坟墓。

当墓中棺材被打开的那一刻，现场所有人都惊呆了：里面放着的，正是被盗走的两盒珍宝。接到奏报，武则天非常满意，她问苏无名："你查案时用了何种过人的才智？"苏无名回答："我并非有什么过人之处，只是见过这些窃贼而已。我来洛阳的那一天恰好碰见这些胡人在举办葬礼，当时我就看他们有些不对劲，但是无法确定他们把赃物藏在何处。今天是寒食节，城中居民都会去邙山扫墓，我料定他们会趁机混在人群中出城。跟踪他们的吏卒报告说，这些人设奠拜祭时并不哀痛，于是可以肯定墓中所葬不是死者。他们祭奠完后又相视而笑，这证明墓中财物完好无损。假如陛下急令府县限期破案，盗贼们必会携物而逃。我没有严加追查，盗贼们自然会放松警惕，不急于取出财物。"武则天对苏无名的查案智慧赞叹不已，随即下令赏赐给苏无名许多财物，还提拔他官升两级。

那么，偷东西的窃贼该如何处理呢？按照《唐律疏议》第19卷《贼盗》第282条"窃盗"规定："诸窃盗不得财，笞五十；一尺杖六十，一匹加一等；五匹徒一年，五匹加一等，五十匹加役流。"简单来说，偷窃的财物价值越高，面临的刑罚就越严重，最高会被处以"加役流"，也就是接受流放和劳役两种刑罚。有盗窃行为但是没偷到东西的窃贼，要被"笞五十"。偷窃罪在唐律中不会被判死刑，但唐朝历史上窃贼被处死的事例屡见不鲜。就武则天在得知珍宝失窃后的愤怒程度而言，这伙窃贼们怕是凶多吉少了。

三　真相的力量

我国古代君主专制的王朝体系下，掌握生杀大权的帝王出于维护统治的目的，有时会罔顾国家法律制度，找借口将自己眼中有威胁之人处死。武则天就曾任用周兴、来俊臣等一批心狠手辣的酷吏打击政敌。据《资治通鉴》记载，长寿二年（693年），武则天派酷吏万国俊赴广州查问流人阴谋反叛一案，结果有三百多人被万国俊处死。看到万国俊获得武则天的赞许，酷吏们争相效仿，刘光业处死七百人，王德寿处死五百人。他们的屠刀之下，大都是无辜受牵连的冤魂。

近年来，以"狄仁杰探案"为主题的影视作品层出不穷。在这些影视剧中，作为主角的狄仁杰心思缜密、智力超群，任何疑难案件在他手中都会迎刃而解，女皇武则天以及李唐皇室均对他信任有加。经过影视剧的广泛传播，狄仁杰在广大观众心里已成为"神探"的代名词。事实上，狄仁杰的神探形象是清末以来人们不断进行艺术加工的结果。在唐朝人眼中，狄仁杰是一位出色的政治家而非"神探"。虽然武则天统治时期不存在"神探狄仁杰"，不过，当时的确有多位善于破案、公正廉明的官员，他们以真相为准则，不畏强权、秉公执法，挽救了许多无辜的生命。

在这种严酷的政治氛围里，依然有人以公正为原则，拼尽全力，抽丝剥茧找出真相，最大限度地阻止统治者借助冤案滥杀无辜。张行岌、崔思竞以及苏无名就是这样的人，他们找回的，不仅是失踪的人口和珍宝，更是被权力所掩盖的正义和秩序。无论是真实存在的人物还是文学作品中的形象，他们的事迹都充分证明，真相的力量不容小觑，有时甚至可以拯救宝贵的生命。现代社会，依法治国的理念已经深入人心，作为法治基础的真相与真实，更应当成为全社会的共同价值追求。

杀父之仇怎么判

　　唐朝武则天时期，发生了一件震惊朝野的大案：中央派出的一位朝廷重臣赵师韫在执行公务的途中被残忍杀害。是谁这么大胆敢杀朝廷重臣？这件事发生后，武则天震怒不已，要求严厉查办。很快，凶手自首，接下来该怎么判，朝廷上下争论不休。案件不仅在当时引起轰动，时隔百年，一代文人柳宗元还将其翻案，并且将判决书写入正式法律条款。更让人惊讶的是，这个故事的细节被详细记载到官方正史《新唐书·孝友传》里。我们知道，官方正史在列传部分的人物遴选是十分严格的，一个杀人凶手怎么可以作为孝顺的代表被列入正史呢？这不是堂而皇之为凶手歌功颂德吗？这究竟是怎么回事呢？

一 御史被害

案件是这样的：朝廷重臣赵师韫被武则天委任为御史，前往长安执行公务，途中在驿站休息。第二天，仆人们左等右等，就是不见赵御史出来，到他的房间一看，惊呆了！赵御史已经躺在血泊中。是谁这么大胆敢向朝廷重臣下手？赵师韫被杀时的身份是御史，所谓御史是干监察的事务，这是得罪人的差事，动不动受到人身威胁也算正常。赵御史被杀，是不是所谓政敌害怕他揭露什么而故意将其杀害呢？

如果是故意杀人，一般选在月黑风高的晚上。说来有点儿蹊跷，赵御史被杀不是在监察途中，而是发生在驿站，驿站属于官方开办的招待所，这近乎在光天化日之下杀人。这个大案从一开始就充满了种种悬疑。

御史被杀的消息传得很快，地方官自感责任重大，赶紧派人来调查，没想到正慌神之际，有人淡定地来投案自首了。一个叫徐元庆的年轻人自称是他杀死了赵御史，他的身份是驿站的驿夫。所谓驿夫，就是驿站的服务生，他不好好地为朝廷重臣服

139

务，却将服务对象杀死？这是吃了豹子胆吗？难道是服务环节出了差错？御史在批评驿夫时口气生硬、态度恶劣，驿夫一下子接受不了而激情杀人？如果是激情杀人，冷静下来后应该很害怕，这毛头小子不但没有害怕，反而非常淡定、理直气壮地前来自首。这又是怎么回事呢？

徐元庆交代："我做驿夫可不是图养家糊口，唯一的目的就是瞅准时机杀死这个姓赵的，为了这一天的到来，我已经隐忍了很久很久！"原来，赵师韫在担任御史之前，曾经做过县尉，在任上处死过一个人，这个人正是徐元庆的父亲徐爽。

古话说，世界上有两种仇恨不能原谅，一种是"杀父之仇"，另一种是"夺妻之恨"。儒家思想中认为"杀父之仇，不共戴天"，徐元庆为了给父亲报仇，处心积虑地伪装成驿站的服务生。赵师韫作为一名朝廷重臣，每次出行会配备数量不少的侍卫（也就是安保力量）。可以想象，一介草民想要杀死一位朝廷要员，相当不容易！那么，疑问来了，徐元庆的父亲徐爽到底是犯了什么罪呢？赵师韫杀他有没有合法性呢？可惜《旧唐书》在记载这个故事时，只用了区区不到50个字，历史没有给我们留下答案。但我们可以从常理做一个推测，从徐元庆执着地要为父亲报仇，不惜一切代价甚至生命来看，在儿子徐元庆眼中，父亲应该是冤死的。他也清楚自己杀人的后果，他抱着必死的决心为父亲复仇，所以徐元庆在杀死赵御史后并没有逃走，反而淡定地去官府自首了。

二 杀人动机

按理说，御史被杀，杀人凶手徐元庆又认罪，事实清楚，这是一桩简单的案子。按照唐朝的法律规定，应该怎么判呢？

按照唐律的规定，应该归入"谋杀"罪。唐律对于斗殴杀人，有这样的规定："斗殴者，元无杀心，因相斗殴而杀人者，绞。以刃及故杀者，谓斗而用刃，即有害心；及非因斗争，无事而杀，是名'故杀'，各合斩罪。"这很明显，徐元庆杀人的案情十分清楚，不仅"事已败露"，而且属于处心积虑的"谋杀"，结果也属于"已杀者"，按照唐律应该被处以斩罪。

在清晰的案件线索和证据面前，这个案子并不复杂。但是，没想到的是，案子在审理环节，法官产生了巨大的意见分歧，问题恰恰出在杀人动机上。徐元庆自己坦白，正是为了报"杀父之仇"才杀死赵师韫。他很坦然，已经做好了被判死刑的心理准备，自首就是认罪，这属于减轻处罚的情节。

徐元庆的做法，如果参照儒家的伦理标准，杀死了自己的杀父仇人，这是天经地义的事情。唐朝立国后，明确恢复儒学的地位，将儒家伦理和国家法律结合在一起。"替父报仇"并不是一个新的话题，在儒家最高典籍《礼记》中，已经有这方面的讨论。孔子的学生之一子夏曾经问过孔子："居父母之仇，如之何？"孔子回答说："寝苦枕干，不仕，弗与共天下也。遇之市朝，不反兵而斗。"这就表明了孔子的态度，对于杀父之仇，一定要记在心里；无论走到哪里，假如遇到了仇人，不管三七二十一，能生擒就生擒，能抄家伙就抄家伙，绝不可以与仇人共同生活在同一片蓝天下。孔子的回答体现了"杀父之仇，不共戴天"的态度。唐朝不仅注重推行儒家思想，也重视法律在治国方面的作用。按照唐朝法律的规定，杀人应该偿命。

这个案子在当时引起了极大的轰动，朝廷上下、市井百姓议论纷纷：如果按照孔圣人所说的去做，杀父之仇不共戴天，徐元庆并无过错；如果按照国家现有的法律条文去处理，私报家仇又不合法理。事情久决不下，人命关天。谁也拿不定主意，不得不层层上报，一直报到了武则天那里。武则天意识到，假使这个案子处理不好，将会引起极大的后患，万一再有人效仿，凡是有家仇的都纷纷去杀人报仇，岂不乱了王法？如果朝廷重臣因公丧命而得不到伸张，官员人人自危，负面影响也很大，毕竟御史被杀，就代表着藐视朝廷啊，甚至影响到以后官方立法的权威。到底依据哪一个原则来处理呢？武则天也很挠头。

武则天决定在朝廷上展开讨论，让大臣们各抒己见。争论来，争论去，争论的关键在于三点：一是杀人动机是否合理，二是徐元庆该不该死，三是法外开恩行不行？当礼与法冲突的时候，就给刑部出了一个大难题。

这时，有一位叫陈子昂的官员站了出来。陈子昂就是写下著名诗句"前不见古人，后不见来者，念天地之悠悠，独怆然而涕下"的诗人。他此时正担任左拾遗，身份是谏官，专门负责给朝廷提供点子或建议。陈子昂这样认为：徐元庆杀人的目的是替父报仇，属于儒家伦理中的"成其德"；如果循着"礼"的原则而分析，"先王立礼以近人，明罚以齐政"，这不正是唐朝立法的初衷吗？所谓"无义不可以训人，乱纲不可以明法"。徐元庆在杀人后，他没有逃跑，"大丈夫一人做事一人当"，他能够"束身归罪"，存在从轻处罚的案由，从人情的角度说，徐元庆的遭遇值得同情。

陈子昂给出了一份处理意见。他建议，徐元庆蓄意杀人，案情清楚，"国有国法、家有家规"，按照国家的法律规定，自然应该处以极刑。但是，徐元庆原本是为父报仇，符合儒家强调的"孝道"，情有可原。但如果只是简单地放了嫌疑人，也很容易被其他人效仿。所以怎么判徐元庆确实两难，到底该怎么处理这个案子呢？

　　陈子昂建议先杀了徐元庆，体现国家"以正王法"的态度，然后再以官方的名义旌表一番他的"孝道"，给予徐氏家族某个象征性的荣誉称号，也算说得过去。

　　建议一出，众大臣拍手称赞。武则天可谓是在宫廷斗争中闯出来的人，她政治经验丰富，仔细揣摩之后，也认同了陈子昂的建议。大家都认为，才子就是才子，陈子昂的建议完美地化解了礼与法之间的矛盾，两头都能兼顾，既维护了官方的面子，让肇事者承担杀害朝廷重臣的后果，又兼顾了儒家立国之根本。

　　随即，武则天下了最高指示：徐元庆杀人属于情有可原，先杀后表彰。陈子昂因为这个事情而写就的《〈复仇议〉状》成为经典名篇，被记载于官方正史陈子昂的个人传记中。事已至此，应该画上一个圆满的句号了，但是尘埃未必落定，谁也没想到，这个案子在百年后翻案了。

三 翻案始末

翻案的原因与另一位杰出的诗人有关，他就是"唐宋八大家"之一的柳宗元。柳宗元曾经担任礼部员外郎，从职责上来说，礼法冲突的案子属于柳宗元主管的领域。柳宗元认真研究了当年徐元庆杀赵御史的案件，通过梳理其来龙去脉，发现了其中的破绽。

陈子昂的处理意见是先杀了徐元庆再表彰，看似解决了问题，实际上是将礼和法对立起来了。柳宗元敏锐地指出这个观点前后矛盾，有罪就是有罪，无罪就是无罪，怎么可以既有罪又无罪，逻辑上讲不通啊。如果同一件事情，定性不准，既惩罚又表彰，怎能做到让百姓心服口服呢？

当然，儒家伦理并不完全强调愚孝，也认为复仇要区分具体情况。从历史上来说，子报父仇并不少见。《春秋三传》之一的《公羊传》记载："父不受诛，子复仇可也。父受诛，子复仇，此推刃之道，复仇不除害。"意思是说，父亲无辜被杀，则儿子可以复仇；如果父母因为自身有罪而被法律惩罚或被他人报复，子女不得复仇。举个例子，当年伍子胥为了报父仇，率领吴军攻入楚国的都城，将楚平王的尸体从坟墓里挖出来鞭尸三百下，得到了当时人们的充分理解甚至赞赏。相反，如果父亲有罪而被杀，为父亲报仇则成了推刃之道，会造成冤冤相报的恶性循环。

在没有新证据补充的情况下，柳宗元针对徐元庆杀人案撰写了《驳〈复仇议〉》作为最终的判定文本，他首先指出陈子昂的观点前后矛盾，礼和法本质上是统一的。

柳宗元详细分析了本案的要点所在，那就是赵师韫杀掉徐元庆的父亲是不是合法？这正是案件发生的前提条件，如果前提条件不同，判决结果显然不同。

其一，如果徐元庆的父亲犯错在先，被合理正当地处死，那么作为子女就不应该报仇。"礼之于刑，其本则和，其用则异。旌与诛，不得并也。"徐元庆本人应当被处死，完全没有必要表彰。

其二，如果徐元庆的父亲是被冤杀的，那么赵师韫属于虐杀无辜，地方官又不追其罪责，形成了官官相护的局面，徐元庆无法通过正当的途径获得正义，转而处心积虑地报复杀人，这种行为是"守礼而行义也"，那么，徐元庆不应该被处死。柳宗元在这里提出了徐父是否被冤杀对于本案判决的影响，甚至是颠覆性的判决，当年为什么没有追究徐父是否被冤杀一事呢？我们也特别想知道这一问题的答案，可惜史书太吝啬它的语言。

同一个案子存在两种判法，孰是孰非？结论还是悖论？莫衷一是。

陈子昂是以法家思想为代表，"外儒内法"，以尊重法律严明为前提；而柳宗元秉承了儒家"以礼入法"的观念，倡导"以人为本"的法律精神。毕竟两人生活的年代相差接近一百年，社会在不断进步，法律也在不断更新。柳宗元首先从法律上做出是非曲直的判断，然后再从道义的角度处理具体问题，这样做逻辑清晰、论证合理。

柳宗元的处理意见实际上破除了人们对儒家经典的狭义误读，也解决了唐朝礼法的冲突。为了表达自己的观点，柳宗元撰写了文笔优美、慷慨激昂的经典名篇《驳〈复仇议〉》。对了，《驳〈复仇议〉》这篇文章在思想性、文学性层面均为上等美文，被清人吴楚材、吴调侯编著的《古文观止》收录。在《驳〈复仇议〉》的最后，柳宗元写道："请下臣议附于令。有断斯狱者，不宜以前议从事。谨议。"意思是，不应该再按照

"前议"（陈子昂的做法）处理，而是将我的处理意见附在法律条文之后。让以后断案的人在遇到同类情况下参照此条款。

柳宗元和陈子昂的原文都不长，但都融入了作者缜密的思考、斐然的文采，可以从中领略唐朝读书人的精神风貌，令人折服。正是因为出现了像陈子昂、柳宗元这样勇于思考、敢于探索的人，唐律才成了中国古代法律的典范，对周边国家产生了深远影响。"礼律两不相失"的原则兼顾了法的整体性、实践性，在德礼与政刑的关系上，首先要以德为主，以刑为辅，强调礼乐教化、仁义德政。唐朝统治者在维护法律的威严时，丝毫没有放松对礼制的维护。

说到这里，不得不提《唐律疏议》，原本编写于唐高宗年间的《唐律疏议》本身就是法条和注释的结合。正是因为法律条文是开放的，使得"入礼于法"，才使得《唐律疏议》不断发展，成为中华法系的典型代表。唐朝统治者注重在司法实践中既维护法的严肃性，又弘扬礼的柔和性，司法的精细程度可窥一斑。

四 礼法之辩

近年来，民间私人复仇案件时有发生，如何适用法律成为争议的焦点。在讨论中如何做到既合情又合法，这在古今中外并无不同。其实，这一问题的核心在于礼法之辩。

礼与法的冲突并没有因为柳宗元的提案而解决，历朝历代也发生过不少类似案件，甚至贯穿了古代社会的始终。我们随便举一个文学作品中的例子，如明代凌濛初的小说《二刻拍案惊奇》中记载了一个为父报仇的故事。儒生王良借了远房侄子王俊的高利贷，因为还债的利息而产生了争执。王俊酒后将叔父王良殴打致死。王良的儿子王世名是一名秀才，在父亲临终前发誓道："此不共戴天之仇，儿誓不与俱生人世。"王俊仗着有钱，唆使族长出面私了，但是王世名知道如果现在告到官府，王俊不一定被判处死刑。与其冒险，不如隐忍，等待时机。侄子王世名接受了叔父王俊赔偿的三十亩良田，在生活中，照旧与王俊互有往来、谈笑风生。五年之后，在大家都以为王世名忘了报仇的时候，他终于逮到了机会，一举砍下了王俊的脑袋，交到了官府。官府在了解到王世名属于孝子报仇后，有意开脱他的罪名，但前提条件是必须打开棺材验明父亲王良的死因。为了保全父亲尸骨的完整，王世名气得当场撞死，他的妻子也绝食，最终追随丈夫而去。虽然这是小说里的情节，但至少可以反映出人们的观念，人们纷纷感慨于王世名夫妇为父报仇的决心，也钦佩于他们行为上的刚烈、道德上的正义。文学作品是社会生活的再现，之所以被呈现出来，我想作者也是迎合了社会的诉求，即为父报仇天经地义，是值得称赞的孝行。

在西方社会，也曾经存在过"血亲复仇"的故事。古代欧洲的法律有类似鼓励复仇的内容，《圣经·旧约》记载了古希伯来的法律："以命还命、以眼还眼、以牙还牙、以手还手、以脚还脚、以烙还烙、以伤还伤、以打还打。"文艺复兴之后，血亲复仇在绝大多数欧洲国家为法律所禁止。

徐元庆案至今已经一千多年了，产生的礼与法的争论却是一个永恒的话题。说到底，礼法之辩是国家法律和社会的公序良俗之间的处理原则。从本质上来说，两者应该是统一的。现代社会，当然不允许私人复仇。现实中的不少犯罪，始终各有各的理由，甚至从某些道德价值观念来看，复仇还不乏所谓的"正当性"。但是，我们对法律的评价不可以泛道德化，现在坚持依法治国，强调法治和德治的结合，道德与法律作为社会行为规范，理应保持价值导向上的一致性。

刑法是国之重器，在具体适用上不可以不慎重。如何通过刑法的实施实现有效的社会治理，提倡正义与善良，始终是执法者需要思考的问题。道德是人们心中的法律，法律是最低限度的道德，只有两者相辅相成，才能共同维护社会的良好秩序。

动物保护案

人与自然和谐共生的思想，在中国远古时期已经存在。根据《史记》的记载，商朝的建立者成汤有一次外出，一个夸张的场景吸引了他：只见郊外东西南北四处都张着罗网，张网的人在一旁祈祷："希望天上地下所有的野兽都进入我的罗网。"成汤一听，这还得了，四面张网动物就要灭绝了。随后他下令把网撤去三面，并说道："想往左边走的动物就往左边走，想往右边逃的就往右边逃。不听我话的，就进罗网吧。"这就是成语"网开一面"的由来。三千年前，成汤就发出了动物保护的宣言。到了唐朝，人们保护动物的意识更加强烈，动物保护的法规政策也在不断完善。唐朝有哪些动物需要保护？唐人用什么方法来保护动物呢？围绕动物保护都发生过怎样的故事？让我们来看看唐朝人的"动物保护"。

一 射杀猿猴要罢官

《全唐文》中有这样一个案例：一位叫"景"的官员，某一天泛舟江上，正在游览三峡。峡谷两岸山峦挺立，悬崖绝壁，风光奇绝。大文豪李白途经三峡时，曾感叹"两岸猿声啼不住，轻舟已过万重山"，可见常有猿猴在两岸鸣叫。景游玩时也看到了这些猿猴。不过景可能是一个武官，他并没有像李白那样，用诗句记录下猿猴向自己"打招呼"的场景，而是张弓搭箭，结果一只猿猴应声而倒，一片秀色风光瞬间就浸染在血色中。

景的行为很快被告发，他射出的箭镞带走了猿猴的性命，也带走了自己的官爵。中国古代王朝对山泽之利有牢固的把控，严禁私人侵占、破坏山林江河湖海中的资源。猿猴属于山中的动物资源，依照《唐律疏议》第 26 卷《杂律》"占山野陂湖利"规定，侵占山野陂湖之利者，应"杖六十"。唐朝各任皇帝均有禁猎之目录，猿类亦在禁猎范围内。官府在经过调查后，罢免了景的官职。景很不服气，心想：我可是朝廷命官，难道杀伤几只猿猴就要被罢官吗？

紧接着，他提起上诉，反对在他看来荒谬的判决。唐朝老百姓不服判决，不管有无官职，都有权利与官府理论。人是能够发声的，有了说话的权利，就能够化解矛盾。民意如水，唐朝赋予百姓相应的权利，疏通了国家治理的源泉，大小事情都能够较为顺利地解决。唐朝不光在政治军事上盛极一时，这含有人道主义色彩的律法，也是独树一帜。

　　针对复审的判词是怎么写的呢？我们今天的法律文书要求严谨使用法律术语，但唐代的判决文书除了清晰外，还富有几分文艺气息，富有浪漫情怀与道义温情。复审中的判词很有意思，文书中有这样几句："虽同养由之妙，终致桓公之黜，于人则事乖亲爱，在兽则理切肝肠。"什么意思呢？"养由之妙"说的是春秋神射手养由基的故事。他能够站在百步之外射中柳叶，箭无虚发。"桓公之黜"讲的是桓温征讨蜀地途中，路过三峡，有个士兵带走了猿猴幼崽，猿猴母亲沿着长江追赶上百里，最终跳上幼崽所在的船只，气绝身亡。人们剖开它的肚子，发现肠子竟断成了数节。桓温听说后大怒，将这个人贬黜。虽然只有两句话，但已经用了两个令人动容的典故。从人伦角度来说，随意射杀动物有违仁爱；对兽类而言则是痛断肝肠。最后审案官员在判词中向景发出了有力质问："彼或可

154

伤，此何辞黜？"猿猴要是能被随意射杀，为什么你不能被罢免呢？经过一番"终审"，景的上诉被驳回。

判词寥寥数语就将事情的前因后果交代清楚，感人至深。事件之后的发展不见于史书，但看了这有典故、有伦理、有逻辑的判词，哪怕再铁石心肠的人，也会甘愿伏法吧。而这篇文理俱佳的判词，正植根于唐人保护动物的理念。

二 向乱捕滥猎说"不"

著名诗人元稹也间接参与过动物保护的事业，这还与外族使者有关。唐朝负责接待外族使者的机构是鸿胪寺。

有一次，几名外宾就餐时，发现鸿胪寺供应的食品中没有鱼，他们觉得自己被轻视了。外宾很愤怒，向鸿胪寺提出抗议；鸿胪寺的接待人员觉得很委屈：我们是按规定办事，之所以没有鱼，是因为现在正处在国家的禁猎期，不能捕猎鱼类。

说到这里，我们得说明一下唐人的动物保护理念。理念源自思想文化和现实生活两个方面。在思想上，唐时期儒释道三教并行。第一，在儒学方面，儒家思想成为汉代以来治国的重要指导思想。儒学强调"天人合一""万物并育而不相害,道并行而不相悖",主张人与自然万物要和谐相处,如此社会秩序才能正常运转。第二,在佛教方面,唐朝皇帝中信奉佛教的大有人在,唐肃宗、宪宗、懿宗等都曾花费巨资迎奉佛骨,可见佛教之盛。佛教主张"众生平等""慈悲为怀",劝导世人善待动物,切莫杀生。第三,道教也同样受到社会追捧,李唐皇室中唐玄宗还自称是老子李耳后裔。道教中含有"道法自然"、敬畏生命的思想。

由于儒、释、道三教都拥有巨大的影响力,所以它们提倡的爱护生命的理念成为统治者立法时的重要参考。《唐律疏议》第 30 卷《断狱》第 496 条"立春后秋分前不决死刑"引《狱官令》曰:"'若于断屠月',谓正月、五月、九月。'及禁杀日',谓每月十直日,月一日、八日、十四日、十五日、十八日、二十三日、二十四日、二十八日、二十九日、三十日……"文中以正月、五月、九月为"断屠月",而这三个月正是佛教中的"三长斋月"。"十直日"则源自佛、道两教中的"十斋日"。除了佛教教义中规定的具体禁止屠杀的日期外,儒家学说中也包含在特殊时令中禁屠禁猎的思想,《礼记·月令》规定正月禁止砍伐树木,禁止毁坏鸟巢,不得捕杀刚出生的鸟类与其他动物。通过以上记载不难看出，唐朝法律体系充分吸纳了儒、释、道三教有关保护生命的理论。

既然各说各有理，文武百官干脆开会商量，会议的结论是"失随时之义"。也就是说，鸿胪寺太死板了，接待外宾是大事，关系国家颜面，这事应该稍微变通。面对各执一词的双方，元稹站了出来。因为他知道，这事看着小，但背后的道理却很大。在元稹看来，鸿胪寺的做法不仅完全符合招待外宾的规格礼节，而且还有助于维护国家法律和自然生态，应当给予肯定。元稹在判词中这样写道："国之典常，焉用随时之义。"在特殊时令禁猎是国家的典章制度，绝不能因个别特例而破坏法律。不过，本次纠纷毕竟属于外交事件，每个部族各有其风俗，元稹注意到了这一点，他主张："矜其异俗，责在有知，合恕过求，姑惩轻议。"意思是，外宾不了解唐朝的礼俗是正常的，他们大老远过来一趟也不容易，鉴于首次出现这样的争议，我们从轻处理即可。另外，元稹还建议给所有到来的外宾开设一门"唐朝礼法培训课"，以杜绝此类纠纷再次发生。

唐朝保护动物不是假大空的口号，而是身体力行的举动。《唐律疏议》从初唐颁布，历经百余年的光阴，直至中唐仍被人们践行。

作为大唐有名的才子，元稹的判词文采斐然。"沙漠实来，供宜必备。泽梁有禁，杀则以时。信能及于鲲鲵，化方行于蛮貊。彼卿之属，得礼之中。"满朝文武看了这文采斐然的判词，不免交口称赞。元稹的好友白居易同样是判词高手。他在准备吏部考试，也就是唐朝组织部的考试中，积累了上百道判词。这些判词由于文理俱佳，后来风靡一时，成为举子们的论文范本，打个比喻，白居易的判词好比现在公务员考试中《申论》的范文。白居易给元稹写信时还专门谈到此事：听说现在我的判词成了标杆？惭愧惭愧啊！话虽这么说，白居易心里应该还是很骄傲的。

从上述案例来看，唐朝官员中有元稹这样的法治主义者，也有像白居易这样以礼为重、礼法与文辞兼具的文人。官员间不同的价值取向以及礼法合一的法制体系，使得唐朝动物保护案件呈现出多层次的面貌。在唐朝，无论是平民百姓还是朝廷官员，无论是内政事务还是外交事务，都必须遵守动物保护法，残害动物的人难逃法律制裁，哪怕是自家养的牛。

三　自家耕牛受保护

古代以农为本，中原地区的老百姓主要向土地讨生活。那时候生产力低下，不像今天有拖拉机播种收割、有无人机喷洒农药。祖祖辈辈的庄稼汉只能顶着烈日，冒着霜雪，日复一日，把自己的汗水献给黄土风沙。牛不光能减轻老百姓的负担，还能提高效率，增加老百姓的收成，可谓"农业时代的拖拉机"。但牛数量本来就少，不够用，有些人还要私自屠宰，假如都争相效仿宰杀耕牛，影响农业生产，百姓的饭碗装什么，国家的赋税从哪来？

谁跟牛过不去，谁就要摊上大事。

《文苑英华》记载，曾有一个叫"景"的人向官府举报，说有一个叫"丁"的人私自宰杀了耕牛。这里可能大家有疑问了，前面那个官员也叫景，现在这个人也叫景，是不是同一人呢？不是的，景是当时的干支中的"丙"，即"甲乙丙丁张"的"丙"，因为唐高祖李渊的父亲叫李昞，唐人为了避讳而写成景。景向官府告状，说丁杀了他家的耕牛。官府一听，这还得了？随后官府抓捕了丁。丁知道自己罪责难逃，心想：既然景不仁，那就休怪我也不义。于是丁也向办案人员举报，表示自己发现景有私自铸钱的违法行为。丁通过举报一方面报复了景，另一方面也希望能"立功赎罪"。当地官府很高兴，在丝毫没有费力的情况下抓到两名犯罪分子。但是问题随之而来，这个案中案应该如何判罚，丁的行为符合提供有价值的线索而减刑吗？

按照《唐律疏议》卷15规定，"诸故杀官私马牛者，徒一年半"。所谓"官私马牛"，即官府和私人的马牛。这样看来，丁因为杀牛，应处徒刑一年半。而《唐律疏议》第26卷《杂律》第391条"私铸钱"规定，私铸钱者要被流放三千里。流刑重于徒刑，第一个举报人景犯下的罪行比被他举报的丁还要严重。经过审理，官府认为二者犯罪事实清晰，丁私自杀牛，礼法不容，而他举报景的做法属于"引循环之辨，翻露铸钱之责"，即企图通过转移司法机关的注意力使自己脱罪。这种做法不能构成减刑的理由。最终丁、景二人均被处以徒刑。就判决结果来看，官府在量刑时，对举报"杀牛犯"的景做出了宽大处理。

唐高祖、玄宗等都曾颁布诏书，要求各地州府长官严厉打击私自宰杀耕牛的行为。在重要性上与牛相差无几的另一种动物是马。工业化社会到来以前，马是人类在军事作战和交通运输方面不可或缺的力量。鉴于牛、马的重要作用，唐朝政府制定了专门的法律来保护这两种动物。《唐律疏议》第 15 卷《厩库》明确规定不能故意宰杀官私马牛，否则就会受到刑罚。

《全唐文》中还记载了一个误杀耕牛的案例：在长安万年县，有一位叫作侯明的百姓，某天发现家里的牛圈不对劲，他怀疑是狼钻进牛圈撕咬耕牛。侯明也不是常人，他跟前文提到的官员景一样，都有箭术傍身。敢咬我的牛，叫你吃不了兜着走。侯明随即张弓射箭，瞄准目标，"嗖"的一声，猛兽应声倒地。当时光线不太好，等侯明赶上前去定睛一看，没有狼的踪影，反倒是自家的牛奄奄一息。侯明白忙活一场，不仅狼没有射到，还误杀了自家的牛。按照《唐律疏议》规定，误杀耕牛也是违法行为，不过可以从轻判罚。具体来说，所谓"误杀、伤"，是指"目所不见，心所不意。或非系放畜产之所而误伤、杀，或欲杀猛兽而杀、伤畜产"。侯明的主观目的是杀狼以保护牛，正好同"欲杀猛兽而杀、伤畜产"相符合。另外，审案官员还说侯明"常传甯戚之经，久习高堂之法"。这里，甯戚指的是春秋五贤之一，高堂指的是朝廷，可见侯明是个有法律意识的村民，或许他在审判时引用了相关法律条文为自己辩护。最后，通过对律文规定以及侯明动机的考量，主审官建议对侯明从轻处理。

本案让我们知道，唐朝时期政府的普法工作是卓有成效的，许多像侯明这样的基层百姓都了解禁杀牛马的法律规定，律令条文深刻在老百姓心头。保护动物的法律不是与百姓毫无瓜葛的虚言，而是真真切切的行事准则。有了日常行为指南，大唐的运转才能平稳有序。从这点而言，唐朝之所以能够成为盛世，唐律的作用功不可没。

四　法教结合效果好

除了法律保护外，唐人也不忘通过宣传教育的方式来提升大众保护动物的意识。目前出土的敦煌文书中有许多关于保护自然、爱护动物的内容，如童蒙文书《百行章·护行章》记载："山泽不可非时焚烧，树木不可非理斫伐。若非时放火，煞害苍生；伐树理乖，绝其产业。"这是告诉儿童，树木要有规律地植入、成材和砍伐。如果违反季节规律，就会损害林木和林中的鸟兽，乱砍滥伐则会导致林产绝迹。可以说，唐朝人的动物保护工作真正做到了"从娃娃抓起"。

敦煌出土的解梦书中常把梦见鹿、兔、蛇、鱼等动物解读为吉祥、富贵等美好的意象，以此来唤醒人们对动物的重视和爱护之情。动物具有灵性的理念还体现在唐代的传奇小说中。薛用弱的《集异记》里收录了一个故事，大意是庐江人杨褒曾在亲戚家救下一只黄狗，并将其收养。后来杨褒的妻子与情夫密谋，想害死杨褒，黄狗发现此事后拼命阻止，最终成功救下杨褒。从教育孩童的读本到供人们消遣娱乐的传奇小说，万物有灵、珍爱生命的理念始终是唐朝人生活中不可或缺的文化要素，只有用全方位的宣传教育来配合法律的制定与实行，动物保护事业才能收到事半功倍的效果。

由于时代的关系，唐朝的重点保护动物与今天有所不同。比如，虎类在当时数量较多，猛虎伤人之事不断发生，所以虎类在唐朝非但不是保护动物，反而是人类的大敌。一些在儒家经典中被描绘为"妖鸟"的鸟类也成为被消灭的对象，唐朝还设有专门负责捕杀"妖鸟"的官职。当然，唐朝的动物保护法有时会在最高统治阶层那里失效。景龙二年（708年），唐中宗李显下令："鸟雀昆虫之属，不得擒捕……宜令金吾及州县市司严加禁断。"看起来他对于保护鸟类有着坚定的决心。不过，中宗的女儿安乐公主有一条名为"百鸟裙"的裙子，这条裙子由各种鸟类的羽毛编织而成，不知有多少珍禽飞鸟为编织此裙而丧命。在恃宠而骄、权倾一时的安乐公主面前，官方的禁令等同于一纸空文。

在中国古代，一些稀有的野生动物往往被看作"祥瑞"，因而成为被各地官员献给皇帝的贡品。大规模捕捉野生动物必然会造成不小的伤亡，而且有些动物如犀牛等，原本生活在炎热的南方，强行把它们带到冬季寒冷的长安同样会伤害到它们。瑞兽死亡有损统治者的"好生之德"，一味地追求"祥瑞"还会助长奢靡之风，破坏地方经济。柳宗元还在《捕蛇者说》中提到过君主为了满足私欲，下令永州百姓捕捉毒蛇的故事。

千百年来，人类的生活方式经历了一轮又一轮更新，然而总有一些理念在变化之中历久弥坚，见证着古今中外人类文明程度的逐步提高。对法治社会的追求与对自然万物生命的重视就是这样的理念，唐代判案故事中的动物保护主义值得今天以及未来的人们去坚守，去付诸实践。

狗法与狗案

　　《三字经》中记载："马牛羊，鸡犬豕。此六畜，人所饲。"
六畜兴旺是我国传统农业社会的美好愿望。狗作为人类最忠实
的朋友之一，在数千年前已经被驯化而进入了家畜之列。在古
代，狗的主要任务是看家护院、守夜防患。经过驯化的狗大多
数对主人忠诚，但狗毕竟是牲畜，难免招惹是非，其中狗咬人
的事件自古至今仍然在民事案件中屡见不鲜。狗也经常导致邻
里纠纷、治安纠纷等。狗虽然可爱，有时候也是不安定因素。
唐代发生过什么与狗相关的案件？政府对于狗的立法有哪些，
从中如何体现出处理人与自然的关系与原则呢？

一 王之涣审狗

"白日依山尽，黄河入海流。欲穷千里目，更上一层楼。"
（《登鹳雀楼》）"黄河远上白云间，一片孤城万仞山。羌笛何
须怨杨柳，春风不度玉门关。"（《凉州词》）这两首诗在我国
可谓妇孺皆知，人人耳熟能详，诗的作者是唐代大诗人王之涣。
王之涣一生仕途不顺，怀才不遇，但是写诗的水平堪称一流。
然而，很少有人知道，王之涣不仅是一位非常出色的诗人，他
也是一位足智多谋的审案高手。王之涣在任文安县县令时，曾
经破获过一起命案，这个案子与狗有关。

天宝元年，王之涣出任文安县县令。他精明强干，为官又
公正廉洁，在当地深受民众爱戴。一天，王之涣管辖的区域内
发生了一起案件，一个妇女跑来喊冤，说自己的小姑子被人害
死了。

女子名叫刘月娥，是文安本地人，她的丈夫常年在外经商，
家里公婆去世得早，刘月娥与小姑子生活在一起，相依为命。
两个女人平时在家里做些农活，勉强度日。家里只有两个女人

166

肯定是太不安全，为了保护自己，刘月娥在家里养了一只大黄狗。可没想到，自己考虑了这么多，家里还是出事了。

一天，刘月娥去邻居家帮忙，小姑子一个人留在家里做活计。她忙活了许久，忽然听到屋里传来小姑子的呼喊声，刘月娥急忙跑回家。刚到家门口，迎面就撞见一个赤裸着上半身、个子高大的男人从屋里跑了出来。她想要拦住那个男人，但男人窜得太快了，她的力气根本不够，男子很快就逃得无影无踪。她急忙跑进屋内，只见小姑子倒在血泊之中，胸口还被残忍地插着一把剪刀。刘月娥急忙找来了郎中，可惜小姑子伤势非常严重，郎中无力回天，最终小姑子还是身亡了。

王之涣听完刘月娥的描述，仔细一想，便问刘月娥："刘氏，你是否看清了凶手的样貌？"刘月娥回答说："我回家的时候，天已经黑了，我只能模糊看到是一个男人，高个子的男人，至于长什么样，真没有太看清楚。"王之涣接着问："除了你和小姑子，家里还有什么人吗？"刘月娥如实回答："没有了。"

听到这里，大家都觉得这个案件有点儿棘手，缺少人证物证。不过，王之涣还是问出了一个关键信息，那就是事发的时候，她养在家里的黄狗一直都没有叫。王之涣思考片刻，便大胆做出了一个推断，怀疑是熟人作案。随后，他让刘月娥先回去，等后续消息。

当地的人得知发生了命案，都非常关注此事，大家都期待着看看这新任的县令王之涣怎么处理。谁知，王之涣很快安排人发布了告示，这告示的内容实在奇特。内容是命案已经发生，全怪黄狗护主不力，为此他要在县衙公开审讯这只黄狗。

县官不审人，要审狗？消息传开，顿时炸开了锅。

审判现场，被围得水泄不通。人们不敢相信自己听到的，一只不会说话的黄狗怎么可能作案？哪有县衙审案先审狗的，这不是看笑话吗？虽然大家很不理解，但审狗这事儿实在太过诡异，人们纷纷跑来县衙去看热闹。果然，身着官服的王之涣坐在堂上，惊堂木一响，县衙内一片肃静。

差人将一只拴着绳子的黄狗带了上来，这是刘月娥家养了多年的狗。就在大家想看王之涣怎么审狗时，王之涣突然让人将几十名精壮的男子带到了堂上。随后，王之涣让他们脱掉自己的上衣。此时，他看到，一个男人的胸前有明显的抓痕，王之涣料定就是此人所为。见他非常紧张，王之涣便问他伤势是怎么来的。男子连忙辩解，说前几天不小心自己挠伤的。王之涣不听他辩解，而是让人将那只黄狗分别牵到不同的精壮男子面前，只见前面几位男子一靠近黄狗，黄狗就狂叫不止。但当狗牵到胸口有多道抓痕的男子面前时，与众不同的一幕出现了：只见这条大黄狗一直在对这人摇尾巴，显得非常温顺。见此情景，王之涣突然厉声呵斥，问："杀死刘月娥的小姑子，到底是不是你干的？"男子见状，只能乖乖地认罪伏法。

原来，王之涣听刘月娥说案发时，家里的黄狗并没有叫，就料定是熟人作案。既然是熟人，此人的住所大概不会离刘月娥家里太远，有经常来串门、与狗熟悉的可能性。于是，王之涣安排捕手按照特定的范围进行搜查，把符合情况的所有男子都带了过来，看看谁跟这条狗认识。

即便胸口有抓痕的男子再怎么狡辩，狗是不会认错人的，他胸前的伤痕是刘月娥的小姑子反抗时所抓，同样是铁证。通过一条黄狗，王之涣顺利抓到了真凶。经过审讯，得知这个男子是当地一个老光棍，刘月娥家里养的那条狗，便是他早年喂养大，后来送给刘月娥家的。男子平时非常寂寞，看到刘月娥的小姑子长得非常漂亮，就动了邪念。他熟悉刘月娥家里的情况，也知道他们姑嫂俩的作息规律，便找了一个机会，悄悄潜伏在她们家里，本想占个便宜。

等刘月娥到邻居家帮忙，小姑子一个人在家时，这个男人便趁机冲了进去，想要对刘月娥的小姑子下手。没想到小姑子誓死反抗，情急之下，他操起了剪刀，最终发生了命案。他做梦都没有想到，自己从小喂养大的狗居然成了指认自己罪行的物证。王之涣依靠着聪明才智，成功破获这桩奇案。

王之涣做官时以风清气正著称，判案公平，颇受当地百姓的称道。遗憾的是，王之涣在智破命案后数月因病去世，没能实现自己的理想抱负。可他智审黄狗的事情，则一直作为一桩美谈流传了下来。

二　唐代的狗法

在先秦时期，已经有了关于人类养狗的明确记载。狗被赋予驱邪避凶、保护平安的寓意，深受人们的喜爱。在墓葬中，人们也有将狗带入死后世界，以求永生守护之意。到唐朝时，因为长时间的太平盛世，老百姓有了更多时间与精力休闲玩乐，养狗逗鸟便成了日常的趣味。上至王公贵族、下至黎民百姓，对狗多爱不释手，不仅把狗当成看家护院的角色，甚至当成家庭生活中的宠物。现在已经发现的唐墓壁画和考古文物中，多次出现家犬的身影。

在唐朝，专门设有"五坊"，即雕坊、鹘坊、鹞坊、鹰坊、狗坊，这是唐代为皇室饲养鹰犬之类的宠物而设立的机构，狗坊所饲养的犬只主要包括猎犬和宠物犬，宠物犬多为后宫嫔妃所养。

与现代人一样，唐代人养狗做宠物，尤其喜欢选那些体型小巧可爱的品种，如著名的"猧子"。什么是"猧子"呢？它是一种小狗。根据唐代的笔记小说《酉阳杂俎》记载，杨贵妃在观看唐玄宗与大臣们下棋时，眼看皇帝要输棋了，就让怀中的猧子跑到棋盘上，一下子把棋子打乱，这样保住了皇帝的颜面，讨得了皇帝的欢心。

留存在史书记载中的狗多种多样。日本来唐的高僧圆仁曾经撰写过一部《入唐求法巡礼行记》，书中记载：开成五年，他在途中遇到黄山八会寺内的一条黄毛狗，这只狗颇通人性，"见俗嗔咬，不惮杖打。见僧人，不论主客，振尾猥驯"。意思是长时间待在寺院中的狗，不仅起到了看家护院的作用，竟然具备了一眼识别僧俗的特异功能。此外，在唐朝军队中，也已经出现了训练有素的军犬。因为狗具有机敏善吠的特点，唐军使用狗来担任军队的"警备"任务。

杜甫的诗同样把狗写得很生动。在《草堂》这首诗中写道："旧犬喜我归，低徊入衣裾。"可以看出，在唐朝养狗规模还是很大的，狗从最初充当人类的得力助手慢慢转变为人类忠诚的伙伴，而人与狗的互动关系也得到进一步升华。狗与人生活在一起，难免发生狗咬人或狗挠人的突发状况。此前，我们讲过唐代的动物保护案，提到唐朝对猿猴、耕牛等动物进行保护立法。对于狗，《唐律疏议》是如何规定的呢？

《唐令拾遗·杂令》"畜产抵人"条规定："啮人者，截两耳。"对故意咬人的狗，人们要用剪刀把它的两只耳朵剪掉，借以惩罚并作出标记提醒。当然，很多狗咬人事件的责任并不完全在狗。狗的主人没有管理好自己的狗，往往也是造成狗咬人的原因。凡是出现了狗咬人这种情况，狗及其主人都要承担相应的法律责任。

唐律规定，"以不施标帜羁绊及狂犬不杀之故，致杀伤人者，以过失论。过失者，各依其罪，从赎法"。如果出现狗咬人的事，首先是要弄清楚两个方面的问题：其一，是狗主动攻击人，还是人故意放狗咬？其二，是主人明知狗咬人而管不好，还是被咬的人故意逗狗而被咬？弄清了这两个问题，对人和狗的处理原则就清晰了，只要翻开《唐律疏议·厩库》就能找到合适的处理办法。由于养狗者的过失而导致狗咬人的，则各依其罪予以赔偿。所以养的狗要拴好，狂犬要杀掉，否则，如果出现狗咬人事件，人和狗都要受到处罚，各笞四十。

还有一种情况，如果养狗的人故意放狗咬死、咬伤人，这种行为是极端恶劣的。唐律为此专门设置了一条惩处的条款，叫"故放令杀伤人"：故意放狗者，减斗杀伤一等。唐律把故意杀人行为分为故杀、斗杀和戏杀三种。"斗杀"是指"元（原）无杀心，因相斗殴而杀人者"，此相当于现代的伤害致死罪。同时，在量刑时还要考虑狗咬的人，按照身份分为贵贱、尊卑、长幼、亲疏等情况，酌情加减治罪。故意放狗咬伤的人，还有二十天的保辜期，意思是给伤者病情恢复的时间，这段时间内狗主人要负责救护与医治。保辜期内被咬人死亡的，放狗的人要承担杀人的刑责；如果受伤者保辜期外死去或者保辜期内以其他原因死亡的，伤人者只承担伤人的刑事责任。这是对伤人罪的后果不是立即显露时，规定加害方在一定期限内对被害方伤情变化负责的一项特别制度。

唐朝制定律令的人考虑得特别细，就连给狗看病时被咬也有交代。如果是花钱雇人给狗看病而不小心被咬伤，养狗的人不需要承担责任；如果是不花钱请人为狗看病而被咬伤，狗的主人要依法予以赔偿。当然，法律还针对一些小概率事件进行

狗法与狗案

173

补充规定。比如，如果是无聊的人逗狗玩时被咬伤，狗及其主人也不需要承担任何法律责任。

最不听话的狗是爱惹是生非型的狗，它们往往向过路的行人主动发威，伤害无辜。对这样的狗，唐朝的律令处理态度是坚决的，手段也是非常严厉的，在这种情况下，行人是没有责任的，狗的主人要承担全部的法律责任。

令人想象不到的是，唐代律令对"狗咬人"这样的小小民事案件，竟做出了详细而明确的处理规定，他们以法律为准绳，把狗分成了遵纪守法的狗和违法乱纪的狗，对违法乱纪的狗，视其情节，给予相应处理。同时对违法养狗的人，也制定了应当承担的法律责任。唐朝立法的目的是避免人虐待和残害狗，为宠物立法，甚至还有详细的法律，这说明在唐人眼中，宠物不仅仅是玩宠，也是家人。唐代律令的立法内容，即使放在现在，也算是非常完备的法律条款了。

在唐朝以前，食用狗肉还比较常见，但在唐朝时，在大众心目中，狗已经不是能食用的对象。颜师古在其所著《汉书注》中，对"以屠狗为事"与食羊、食猪进行对比，说明了在唐朝以屠狗为业和食用狗肉的现象已经很少见到，说明人们的认知已经变成狗是伙伴，而非食材。狗历经上万年的蜕变后，逐渐走进千门万户之中，成为人类最忠诚的朋友之一。

狗咬人本是生活中一件较为常见的事情，而唐朝的法律对处理此类案件却规定得如此之细，并照顾到了人与人、人与狗之间的各种权利，其中充满了公平与和谐，可见，法律确实起到了维护社会秩序的作用。看到唐代律令种种对狗的规定，只能说养狗需谨慎。明面上惩罚狗，其实目的也是在告诉狗的主人，要严加看护，不要惹是生非。所以说有关养狗在唐朝的立法，不仅体现了狗备受重视，也体现了唐朝人性化的一面。

宠物的存在就是为了丰富唐人日常生活，换句话说，宠物也是唐人精神生活的一种形式。追溯历史，宠物对于唐人最低的功能是解闷、娱乐，而很多宠物的存在则是满足了唐人的信仰追求。在这方面，古今相同。唐朝距今虽然已经有一千多年，但大唐在世界历史上的影响力经久不衰。就连奉行英美法系的美国，也将唐代律令中的诸多条款奉为经典予以学习借鉴，看来古人的大智慧，诚不我欺。

历史故事也罢，古人智慧也好，这些都是中华优秀传统文化的内容之一。唐律是中国封建法典的集大成者，也是中华法系的代表作。无论是当时，还是后世，唐律的立法价值都值得肯定。唐代的判案故事中所展现出的法律智慧，值得我们重视。

1200 年前的交通肇事案

人类发明交通工具以来，关于交通事故的记载并不鲜见。如今处理各种交通事故，有关部门都有规范的流程和判断标准，也有相应的法律条款作为事故处理的依据。在唐代，遇到道路纠纷，怎么判案呢？在浩如烟海的史料中，吐鲁番阿斯塔那墓出土的一件文书引起了我的注意。这就是《唐宝应元年（762年）六月康失芬行车伤人案卷》。

一　牛车失控

案卷记载的是唐代宝应元年，也就是 762 年的一起交通事故，发生在西州高昌城，一辆牛车失控，撞伤了两个孩子。在这里，我们不禁好奇，一千多年前的交通肇事案，有怎样的处理经过呢？事故发生的地点是西州的高昌城，并不是中原地带，而作为边疆地区，唐朝法律的执行情况如何呢？这张小小的卷宗，有哪些看点呢？

《唐宝应元年（762年）六月康失芬行车伤人案卷》

出土于阿斯塔那第 509 号墓

根据案卷的记载，这起事故是一起重大交通事故，发生在762 年六月的一天。当天，高昌城内骄阳似火，天气闷热。居民史拂郎 8 岁的儿子金儿、曹没冒 8 岁的女儿想子在一起玩，这俩孩子正在张游鹤的商铺前坐着玩耍。突然，一辆牛车从闹市区急速驶过，不管驾车人如何拖拉硬拽，牛依旧像发疯一样拉着车子冲进了人群。不幸的是，牛车将金儿和想子撞倒，车轮从俩孩子身上碾过。被撞倒的孩子是金儿，腰部以下的骨头全部碎裂，性命难保；想子的腰骨损折，同样有性命之忧。光天化日之下，群众的眼睛是雪亮的：驾车的肇事人名叫康失芬，30岁，他是一名雇工，是粟特人靳嗔奴家所雇用的人。当天，他驾牛车想把城里的土坯搬到城外，从城外返回时，牛突然狂奔不止，所以才发生了两个孩子被撞的悲剧。

可以说，这起交通事故事实比较清楚，证据也较为确凿。事故发生后，俩孩子的家长一起将康失芬告到了官府。先是金儿的父亲史拂郍向官府提交呈词，上写"男金儿八岁，在张游鹤店门前坐，乃被行客靳嗔奴家生活人将车辗损，腰以下骨并碎破，今见困重，恐性命不存，请处分。谨牒。元年建未月日，百姓史拂郍牒"。呈词的意思大致是：我8岁的儿子金儿在店门口坐着，被车碾过受到损伤，腰部以下的骨头破碎，伤势很重，恐怕性命难保，请求官府大人明断。接着，想子的父亲曹没冒也向官府提交了呈词，内容与史拂郍大致相同。

那么，这起交通肇事案的判决主体是谁呢？文书上的细节给出了答案。案卷上的4个缝隙处都押有"铮"字，内容中还有"铮示"二字。不断出现的"铮"字，据学者考证，应该是法官的名字；"铮示"表明他是本地具有判案权限的官员。案卷并没提到"铮"担任何种职务，不过参考当时的制度，他很有可能是县令或县尉。唐代西北地区基层组织与内地类似，也实行州县制。据《唐六典》所载："京畿及天下诸县令之职，皆掌导扬风化，抚字黎氓，敦四人之业，崇五土之利，养鳏寡，恤孤穷，审察冤屈，躬亲狱讼，务知百姓之疾苦。"这句话的意思是，县令担任地方的父母官，掌风化，维护一方平安。如果遇到有人打官司，则躬亲狱讼，即亲自审理，以了解百姓疾苦。县尉则是县令的辅佐之官，掌治安捕盗之事。

按照卷宗内容来看，既有争端缘由，又有判案经过，还有最终的审判结果，符合唐代完整的判案流程。依县令"躬亲狱讼"的职责标准来衡量，"铮示"便是地方长官履行这一职责的具体体现。话说"百姓无小事"，经过县令的初次断案后，官府还对案件的细节进行核查，用现在的法律术语来说，叫"固定证据"。文书中还有"检诚白""诚白""曾示"等字样。这是什么意思呢？唐代有"录事掌受事发辰，检勾稽失"的规定，意思是录事官的职责在于检勾稽失、即核实事情的真伪，以避免产生误判，所以在署名之前加上了"检"字，说明录事官已履行了核查职责。

二　家长上告

前面提到，两个孩子在这起事故中受伤，属于无过错方，那么这个案子该怎么判、怎么赔呢？唐代行政高效，哪怕边州也不例外。在基层核实清楚事实后，高昌县的官员铮接到这个案子，他认为这起交通事故关系到两个孩子的后续治疗，而且社会影响不小。铮很快就做出了决定，提审肇事者康失芬，而且在不同时间，先后对康失芬审问了三次。过程是这样的：

第一次，一个叫舒的法官询问康失芬："对于这场交通事故，你有什么要说的吗？"

康失芬回答："这起交通事故是我造成的，是我的责任。"康失芬对事实供认不讳，承认了他赶牛车轧人的事实。

第二次，舒询问康失芬："你为什么不制止奔跑的牛车，以至于伤人如此？"

康失芬觉得自己委屈，他回答说："我也是替雇主打工，今天要拉砖坯，想着找一辆力量大一点的车，于是我去借了一辆牛车。但这是借来的牛车，我对牛的习性并不熟悉。不知道怎么着，牛突然失去了控制。我想，牛大概是受了惊吓才一路狂奔的。在牛狂奔的时候，我也尝试补救，努力拉拽，但'力所不逮'，没能控制住牛车，最终酿成事故。"

第三次，舒问康失芬："既然已经发生了这样的交通事故，造成了这样的后果，事实清楚，责任明确，你有什么赔偿打算吗？"

康失芬表示："情愿保辜，将医药看待。如不差身死，请求准法科断。"这是卷子中的原文，意思是说，康失芬首先请求保辜，能为两个孩子治疗；如果受伤的孩子，任何一个不幸身亡，官府再按法律处罚自己。这里提到了一个大家并不熟悉的词"保辜"，何为保辜？

所谓保辜制度，指的是古代在发生了人身伤害案件后，根据伤情程度的大小来为伤害人定罪量刑的制度。保辜制度始于西周，唐代以后不断修改和完善。该制度有利于伤害人将自己造成的损失降到最低限度，同时通过他为受害人寻医问药的主动帮助，也可以在一定程度上缓和双方矛盾，从而化解社会的不安定因素。

保辜制度在古代的司法实践中形成了一个比较完善的操作

流程。首先，适用保辜制度要满足两个前提条件：一是只适用于殴打或伤害他人，但未当场致死的案件；二是加害人具备承担保辜义务的主客观条件，客观条件是具有一定的财力和人力，主观条件是具有承担保辜义务的愿望，"自愿"提出保辜请求。只有符合了前两个条件，保辜制度的实施才会取得良好的社会效果。康失芬的情形恰好符合保辜制度的实施条件，因此无论对康本人，还是受伤的孩童而言，依照该制度进行救治，之后观察疗效，无疑是眼下最好的选择。

唐代保辜制度惩处的标准有两个：一是被害者的受伤害程度；二是加害者的事后弥补程度。与此同时，对加害者在案件发生后一段期限内进行的救助，该期限要根据被害者的伤情进行判定。加害者为了能够得到较轻的量刑，在规定的期限内会不遗余力地对造成的伤害进行弥补，尤其是很多情况下，受害人的家庭较为困难，无法负担高额的医疗费，此时加害者的救助就能够起到雪中送炭的作用，从而使得被害人能够得到及时有效的治疗，提高了被害人治愈的可能性。由此看来，保辜制度不仅能够使得被害人受到的伤害得到一定程度的恢复，还能够使加害人对自己的行为进行反思以及补救，体现了"恢复性司法"的理念。

回到本案，康失芬的意思是他想请求为两个孩子先治疗，如果任何一个不幸身亡，官府再按法律处罚自己。前面提到，康失芬也是为主人打工，他自己赔偿能力有限，雇主靳嗔奴在事故发生后，也被官府抓了起来。后来雇主的家人找来了一位保人，作为申请保辜的担保人。保人何伏昏等人也写下状子，表示愿意担保靳嗔奴和康失芬，如果被担保的人逃跑，担保者愿意替罪即受重杖二十。最后，官府在保人的担保下，同意保辜，并放出靳嗔奴和康失芬，但规定两人在保辜期间，不许离开高昌县。至此，这个案子的处理过程告一段落。

值得注意的是，判决中的某些内容在《唐律疏议》中并不存在，或与律令有着差异。如在康失芬依据律条规定请求保辜后，何伏昏等人又出具了保状，保人不但要确保康失芬放出后身在一地而不逃匿，以便对被伤害人金儿、想子进行养护与医治，而且还要承担另一条款：若被保者康失芬逃亡或食言，连保之人除情愿依律代其受罪外，并愿承受决重杖二十的处罚。出现这种情形，或许是当地在长期司法实践的基础上进行了相应的调整，也可能是针对本案的专门补充。无论如何，这种"修正案"的形式彰显了唐代司法的灵活性与适用性。

三 如何量刑

这起案件的最终执行结果如何呢？肇事人康失芬会受到怎样的处罚呢？遗憾的是，《唐宝应元年（762年）六月康失芬行车伤人案卷》中没有记载，但是，我们不妨依据唐朝的法律条文来进行分析。

《唐律疏议》是唐朝的成文法典，是唐朝初年的吏部尚书长孙无忌和宰相房玄龄共同领衔制定的法律。唐律规定："诸于城内街巷及人众中，无故走车马者笞五十，以故杀伤人者，减斗杀伤一等。"意思是，在闹市区无故跑马车的，会被处以鞭笞50下；而在人群中跑马车导致他人死亡的，为故意杀人罪，仅比斗杀人罪轻一等，斗杀伤属于故意杀人罪，在唐代的最高刑是死刑，比它减一等，就是流放三千里。这是唐代流刑中的最高等级，一般还有附加刑——三年"居作"，居作的意思是三年佩戴枷锁劳动。

因为两个孩子的伤势还没确定，官府采取了保辜措施。按照《唐律疏议》中"保辜"的条款，在《斗讼》中第307条明文规定："诸保辜者，手足殴伤人限十日，以他物殴伤人者二十日，以刃及汤火伤人者三十日，折跌支（肢）体及破骨者五十日。殴伤不相须。余条殴伤及杀伤各准此。限内死者，各依杀人论；其在限外及虽在限内，以他故死者，各依本殴伤法。他故，谓别增余患而死者。"条款的内容大意是这样的：首先规定了殴伤人手足、他物伤人、刀刃及汤火伤人、伤人骨骼等伤害行为，保辜期分别为十日、二十日、三十日及五十日；之后规定了辜期届满后的不同情况以及对于侵权人的处罚措施：在保辜期之内，如果被害人死亡，则以杀人罪处罚侵权人，如被害人在保辜期外死亡或者在保辜期之内因其他原因死亡，则依照殴伤法进行处置。

按照《唐律疏议》的条款，肇事人康失芬的保辜期限是50天，也就是说，官府最终如何量刑，要根据这50天内金儿和想子的病情来判断。如果在保辜期限内，有孩子去世了，肇事人康失芬就要以杀人罪论处；如果在保辜期限内孩子没有去世，则肇事人康失芬以伤害他人的法律论处。如果金儿和想子中有一个孩子死亡，康失芬就会被判流放三千里。行车伤人，罪行比斗殴轻一个等级，斗殴杀人是死刑，减少一等就是长流三千里。

人命关天，量刑既要有合理的评判时间，又要追求一定的效率。如何实现二者的平衡，唐朝人是怎么做的呢？案卷中多次出现了有关时间的记载，如"四日""十九日"等，这些日期所包含的内容恰好对应了案情的审理顺序。在当月四日至二十二日共计19天的时间中，"闹市驾车伤人案"终于尘埃落定。判案时间基本吻合唐制规定："小事五日程，中事十日程，大事二十日程。"可见，在唐代的边疆地区，已经实现了司法行政效率的高效与精准。

到这里，唐代这起发生在西州高昌城里的交通事故一案讲完了。这并不是一起复杂的交通事故，相反，它的过程很简单：牛车驾驶员康失芬没有控制好牛车，撞向了街边两个正在玩耍的孩子，给两个孩子造成了严重的伤害。肇事人康失芬通过申请"保辜"，对孩子们的伤情进行鉴定，以此作为判定自己责任的依据。看似这只是绵长历史中无足轻重的小事件，但实际上蕴含着众多现实性的意义。对于这起交通事故的判决是唐代法律在边疆地区的生动实践，也体现出唐代政府对边疆地区行之有效的管理。

四　司法启示

有趣的是，康失芬案没有展现出的教化细节，在唐代另一桩案子中得到了体现。唐朝咸通年间，凤州刺史卢方文治下的百姓犯了轻罪，按照法律，卢方文便处罚了犯罪嫌疑人。这本是场普通的案件，罪犯受到惩罚，正义得到维护，社会照常有序运行。但现实生活中难免有些意外，老天爷跟这位刺史开了个大大的玩笑。本来不重的惩罚，却让犯罪嫌疑人一命呜呼。犯罪嫌疑人的妻子眼见丈夫就这么走了，心里哪是滋味。就算他做了错事，也罪不至死。于是，犯罪嫌疑人的妻子来到官府，诉说自己的冤情，要求官府对相关人员作出处罚，为丈夫讨一个公道。随后，包括刺史卢方文在内的一众官员都被投进了大牢，这件事在柳仲郢的帮助下才有了转机。

柳仲郢出身名门望族，机敏聪慧，书法家柳公权是他的叔叔。他当时担任山南西道节度使，是卢方文的上司。听说了卢方文被处理的案件后，柳仲郢认为处理结果有失公允。他认为，刺史等官员也是依法办事，并非扰乱司法为自己牟利。倘若不仔细辨别案件的来龙去脉，只会造成更大的社会影响。再三考虑之后，柳仲郢叫来犯罪嫌疑人的妻子，开导她说："刺史科小罪诫人，但本非死刑，虽未出辜，其实病死。"意思是，卢方乂惩罚你丈夫的本意在于治病救人，让他改过自新，用的刑罚也很有分寸。你的丈夫尽管在保辜期限内死亡，主要原因还在于自身患病。当然，卢方乂在这件事中的责任同样不可推卸，他的刑罚让你丈夫遭受苦痛，难以招架病患，所以卢方乂理当受罚。

最终的结果是，"罚方乂百直，系者皆释，郡人深感之"。柳仲郢面对犯罪嫌疑人死于狱中的情形，仔细辨别实情，依据保辜制度中"虽在限内，以他故死者"的规定，将主要责任人罚钱，其余人员全部释放。处理方法得当，引得当地百姓纷纷点赞。

当前，我国也有"宽严相济"的刑事政策即刑事和解制度，在学术研究领域备受瞩目。刑事和解是一种运用在刑事诉讼过程中特殊的案件处理方式，即加害人通过与被害人及其亲属以认罪、赔偿、道歉等方式达成谅解或协议，可以免去或减轻司法的定罪量刑。从某种意义上来说，如今的刑事和解制度与古代的保辜制度有着一定的相通性。在案件发生后，加害者在法律规定的期限内对受害者竭尽全力地给予补偿，在期限截止时，再对加害者进行定罪，具体的量刑要根据受害者的情况进行判定。加害者在伤害造成后是否对受害者进行补偿，让我们可以从客观的角度推断出加害人是否在主观上真心悔过。

从前面所讲的凤州刺史卢方乂的事例中可以看出，保辜制度不仅适用于百姓，还适用于官员。这对官员判案提出了更高的要求，不得凭借个人喜好随意判罚。这实际上也是对官员权力的监督和约束。尽管唐朝社会存在专制主义，但在具体司法实践上却体现出一定的民主色彩。

儒家思想中有"和为贵"的理念，要求人与人和睦相处，提倡用和解的方式化解矛盾和纠纷。保辜制度是古代司法智慧与儒家"和文化"的结晶。在保护被害人利益的同时，也有利于加害人事后补救以减轻自身责任，同时有利于化解矛盾，减少冲突，整体上维护了社会秩序。在医疗条件和证据制度不发达的中国古代社会，实行保辜制度可以把人身伤害与责任挽救有机结合，这在今天仍然具有借鉴意义。中国古代的保辜制度与现在的刑事和解制度都强调了对受害人进行保护、对加害人赋予悔改机会，以达到平稳修复社会关系的目的。

解字谜　报血仇

在中国古代，官方正史由于体裁所限，并没有留下太多的法律故事，但是有一些文学作品却给我们提供了很多线索。比如，唐代传奇。唐代传奇数量丰富，艺术水平较高，在中国小说史上具有不朽的魅力。据统计，有100余篇唐传奇涉及判案故事，内容包括婚姻的缔结与解除、奸情与出轨、立嗣与继承、盗抢与斗讼、复仇与惩戒等。

唐传奇中有男性复仇故事，也有女性复仇故事，若说女性复仇的经典故事，当属《谢小娥传》。这篇小说讲述了唐代一位惨遭劫匪灭门的弱女子，凭借一己之力为亲人复仇的故事。不过和一般的虚构小说不同，《谢小娥传》是一篇带有实录性质的人物传记，文中的大多数内容是真实的。作者李公佐不但是唐代著名的小说家，还是一位官员，曾任江南西道观察使判官。

这篇小说是李公佐辞去判官之后，在回到长安途中，将所见所闻采用纪实小说的形式撰写而成的。《谢小娥传》为我们了解一千多年前的唐代社会打开了一扇窗。

一 父婿被杀

故事发生在唐代元和年间。豫章人谢小娥是贩运商人的女儿，8岁时母亲就去世了，剩下小娥与父亲相依为命。好在父亲多年行商积累了巨额财富，成为一个有名的商人。小娥14岁的时候，疼爱女儿的父亲为她挑了一个好夫婿，名叫段居贞。段居贞不但勇武而且重义气，结交了很多豪侠朋友。两个人结婚后，小娥和丈夫一起继续在船上陪同父亲做贩运生意。这个时候的谢小娥是幸福的，从小没受过什么苦，家境殷实，又嫁了一个好丈夫，一家人其乐融融，过着衣食无忧的生活。万万没有想到，一场从天而降的灾祸终结了这一切。

有一天，小娥家的船像往常一样行驶在江上，突然被一群强盗截住了，强盗们显然是有备而来，不但抢走了全部的金银绸缎，还杀害了小娥的父亲和丈夫，段家的兄弟、谢家的徒弟和侄子，再加上几十个仆人全都被沉入江中，就连小娥这个弱女子也没放过。小娥的胸部受了伤，腿也断了，在江上漂了很久，才侥幸被别的船只救起。当时江上曾经发生了一场怎样的激战，无人知晓，侥幸生存的小娥失去了一切。父亲和丈夫死于非命，船只和钱财尽失，小娥转瞬之间从富家女沦落成了流浪的乞丐。

一夜之间，谢小娥的苦日子开始了。也许有人会问，小娥为什么没有去报官呢？可以想象，抢劫案发生在茫茫的长江之上，当时没有目击者，犯罪现场遭到破坏不说，还缺少物证、人证，即便小娥报官可能也是无头案。再说，小娥被救起时，已是案发后多时。后来，身无分文的小娥来到了上元县，住在了沙果寺的尼姑庵。一个被强盗夺去一切的弱女子漂流异乡，想报仇的心情是多么迫切，我们完全能够想象。她无时无刻不在思念着父亲和丈夫，也许是日有所思，夜有所梦，父亲死后不久，小娥就梦见父亲对她说："杀死我的人是车中猴、门东草。"几天后，又梦见她的丈夫对她说："杀死我的人是禾中走、一日夫。"父亲和丈夫似乎告诉了小娥杀人凶手的名字，什么意思呢？这是需要解开的字谜。小娥实在想不出答案，但她把这几句话记在了心里。小娥希望能找到博学之人帮她解谜，但一年多过去了，没有人能告诉她谜底。

　　到了元和八年（813 年）的春天，文章的作者李公佐刚刚辞去江西从事的职务，乘船东下。他在游览瓦官寺的亭阁时，有个叫齐物的僧人，与李公佐向来关系不错，齐物邀请李公佐坐一坐，还跟他说起了谢小娥要解字谜的事情，李公佐想了一会儿，在空中比画了几下，就说有了答案。

　　于是，齐物吩咐寺里的小和尚赶快叫来谢小娥，仔细询问事情的经过。小娥来了，哭了很久才说："我父亲和丈夫，都是被贼人所杀。我曾梦到父亲告诉我说：'杀我的人是车中猴，门东草。'后来，我又梦见丈夫对我说：'杀我的人是禾中走，一日夫。'一年多了，没有人知道这是什么意思。"李公佐回答小娥说："如果是这样的话，杀死你父亲的人是申兰，杀死你丈夫的人是申春。来，我慢慢给你解开谜底。车中猴是说车字（繁体，車）去掉上下各一画就是申字；又因在天干地支中，申属猴，所以叫作车中猴；而草字下有门字，门字中有东字，这是兰（蘭）字。再说，禾中走是穿田而过，这也是一个申字。一日夫是指夫字上面加一横，下面又有个日字，这是春字。所以杀死你父亲和丈夫的人分别是申兰、申春。"

　　谢小娥听完之后，激动地向李公佐拜了又拜，写下"申兰、申春"四个字放入怀中，发誓要找到两个杀人凶手，并且要亲手杀了他们为亲人报仇。

二　小娥报仇

为了行走方便，谢小娥女扮男装，开始一边给人做佣工，一边到处寻访仇人。一年多之后，来到了浔阳郡，正好看见一家竹屋上贴着告示"招佣者"。谢小娥就去应召，一问主人是谁，没想到主人的名字竟然叫申兰，这不正是梦中父亲告诉自己的杀人凶手吗？这个名字就像刻在小娥心里一样，但这个人到底是不是杀害父亲的凶手还需要确认。见申兰对自己很满意，小娥不动声色地跟申兰进了家门。在申家做下人的日子里，小娥表面上表现得非常恭顺，能干的小娥很快取得了申兰的信任，甚至生意上往来钱财的账目都交给小娥掌管。

不知不觉两年过去了，申兰并不知道小娥是个女子。这两年对小娥来说饱受煎熬，因为她已经确认申兰就是杀父仇人，她也找到了足够的证据。申兰家中摆满了金银财宝、衣物器具，有一些东西就是从小娥家抢来的，每次拿起熟悉的旧物，小娥心里都特别难受，难免睹物思人，想起被残忍杀害的父亲、丈夫和被沉江的几十口人，小娥都会偷偷流泪。但她依然不露声色，因为只找到了申兰，杀害丈夫的凶手申春还没有找到，她在等待机会。在长达两年的时间里，女扮男装的小娥跟其他男仆混居在一起，人们没有察觉小娥的女儿身。可见，小娥为了复仇有多么谨慎，付出了常人难以忍受的艰辛。

后来，谢小娥终于找到了申春的线索，原来申兰和申春是堂兄弟，当时申春一家住在长江北面的独树浦，两家关系很好。申兰和申春经常一起出去个把月，回来总能弄回很多钱财，显然这钱财是被他们抢劫来的。明白了一切的谢小娥，开始寻找复仇的最佳时机。

有一天，申春带着鲤鱼和酒来到申兰家，那天和他们一起抢劫的其他贼人也都来了，准备好好庆祝一番。不一会儿，一群人就喝得醉醺醺的，然后陆续散去。申春大醉躺在里屋，申兰也喝醉了躺在院子里。这真是小娥期盼已久的绝佳的动手机会，她准备自己手刃仇人。到这里我们可能会有一个疑问，小娥为何还不报官，非要自己动手杀死仇人呢？

首先，谢小娥对于官府能否将凶手绳之以法，应该是持怀疑态度的，对于官府的执行力并没有寄予期望；其次，只有亲手杀了仇人，小娥才能一报血海深仇，这是最重要的一个原因，也是支撑小娥坚持到现在的唯一动力。

现在，复仇的最好时机就在眼前，聪明的小娥先是潜入房中，把申春锁在屋内，然后来到院子里，抽出短刀三下五除二砍断了申兰的脑袋，但她并没有立即杀死申春，是想留下活口好让官府来问罪。做完这些，小娥大声呼喊哭泣引来了邻居。结果自然是这个抢劫团伙案发，起获的赃物赃款达到千万贯之多。当初，申兰、申春在抢劫谢家时有同伙几十人，小娥已经偷偷地把他们的名字记下，这回也都被全部抓获。

谢小娥终于报了六年前的仇恨，而且采用"一锅端"的方式，一个弱女子凭一己之力解决了抢劫杀人团伙，真的是令人称奇！那么，对杀人越货的劫匪，按照唐律应该受到什么惩处呢？

唐律规定杀人分为七种情形，分别是谋杀、故杀、劫杀、斗杀、误杀、戏杀、过失杀。首先，谢小娥的父亲和丈夫不仅被强盗杀害，而且段家的兄弟、谢家的徒弟和侄子与仆人共几十条人命全部被杀害，同时还被抢劫了全部财产，这明显是属于劫杀。"劫杀"作为唐律"七杀"中较为特殊的一种，它没有独立的律文解释，特征是强力夺取财物过程中故意致人死亡。

196

在唐律中，"劫杀"源于四种明确的犯罪，即谋叛、劫囚、强盗、略人略卖人，"劫杀"实质是这四种犯罪行为的"加重犯"，用现在的法律术语说"情节较为严重"，属于加重处罚的情节。这起案件中，还有几个细节需要强调。

第一，在性命面前，人不再分尊卑。《唐律·贼盗篇》"强盗"条记载："杀伤奴婢亦同。虽非财主，但因盗杀伤，皆是。"在杀人致人死亡方面，不管被杀者的身份是主人还是奴婢，在法律上对生命的界定是平等的。

第二，对于劫杀的犯罪人数，《唐律疏议》曰："称众者……必须三人以上始成众。"三人以上的犯罪为众犯，属于共同犯罪的情节。律文记载："已上道者，皆斩"，意思是说，对于众犯的刑罚没有主犯、从犯的区分，一律问斩。

第三，对于赃物的界定，《唐律疏议》中规定了对于抢劫财物的数额规定："盗人若持杖，虽不得财，犹流三千里；赃满五匹，合绞。持杖者虽不得财，伤人者斩，罪无首从。"意思是说，在抢劫案中，哪怕没有抢到财物，也得处于流三千里的刑罚；如果赃物够五匹，应该被处于绞刑。申兰、申春等人不仅抢夺了大量的金银绸缎，而且身背几十条人命，劫杀的共犯处罚也没有区分主犯和从犯，均应处以斩刑。

历尽艰辛，谢小娥凭借自己的果敢，终于为父亲、丈夫还有那场劫难中的几十个冤魂复了仇。尽管谢小娥杀死这帮黑恶势力，属于情有可原，但古代的法律同样不鼓励"私自复仇"。杀人者死，小娥会被判死罪吗？

按照唐律中的"七杀"规定，谢小娥杀死申兰，在没有告官的情况下，犯下的同样也是谋杀罪。如果小娥被判处死刑，社会正义如何实现呢？

当时的浔阳太守张公，很赞赏谢小娥的志气和行为，把这件事写在了旌表书上上报朝廷，才使小娥免去一死。什么是旌表呢？旌表制度是在非常态情况下，古代统治者提倡德行的一种方式。自秦汉以来，历代王朝对所谓义夫、节妇、孝子、贤人、隐逸以及累世同居等行为大加推崇，往往由地方官申报朝廷，朝廷在审议、复核、批准后，通过赐以匾额或由官府造刻石坊等形式予以表彰，以彰显其名声气节。谢小娥通过浔阳太守的上奏得以旌表，这一年是元和十二年（817 年），离谢小娥一家遭受苦难已整整过去了六年。

获得旌表的谢小娥回到家乡，一下子成了当地的红人。豪门大户争相向这位奇女子求婚，但都被小娥拒绝了。不久，小娥来到牛头山，拜精通戒律的尼姑为师，经过这一番折腾，小娥身心俱疲。元和十三年（818 年）四月，谢小娥在泗州开元寺接受具足戒。按照惯例，大部分出家人会取新的法号，以示谢绝红尘，但谢小娥坚持以自己的本名为法号，意在不忘根本。意志坚定的小娥不畏辛苦，冒着风霜春米，顶着雨雪打柴，毫不倦怠。自削发为尼后，她不穿绸缎之衣，不吃盐酪之食，非佛教戒律不说。谢小娥为什么选择出家呢？或许，小娥在经历了激荡的人生后，已经看透俗世。在当时崇尚佛道的社会背景下，皈依佛门、追求内心的宁静成为她最好的寄托。总之，功成身退，血仇已报，这不仅是谢小娥的选择，而且唐传奇中的很多女侠结果也是如此，她们对于复杂的社会关系感觉失望，希望复归自由的本性。

如何来评价谢小娥本人呢？作者李公佐感叹道："誓志不舍，复父夫之仇，节也；佣保杂处，不知女人，贞也。"像谢小娥这样贞节双全的人，堪称圣女。这足以告诫那些背叛道德、违反伦常之人，足以显示天下贞夫孝妇的气节。

我们今天读《谢小娥传》，觉得这是一篇教化意味浓厚的复仇者故事，开篇和故事进行中多次出现作者李公佐本人，一派史家纪事的笔调，读起来令人真假难辨。《谢小娥传》是完全真实的吗？

不可否认，李公佐采用第一人称的语气、利用传记的笔调给作品蒙上了一层真实的伪装，但故事中的"车中猴、禾中走"等十二字梦语显然具有杜撰的色彩，甚至故事的主角、情节难免过于巧合。我个人认为，故事的来源可能是街头巷议或者民间真实发生的艰难复仇故事，作者具有强烈的史家责任意识。唐之传奇多为小说家言，虚构重于事实，而谢小娥却是少有的真实传主。

　　编撰于北宋年间的《新唐书》把《谢小娥传》收入《列女传》中，从而实现了小说的正史化。正史对于没有官品的普通妇女一向惜字如金，但是在40位列女中，有关谢小娥的记载最为详细，一共364字。正史中的故事与李公佐的原文大致一样，只是进行了一定程度的改写，并且将故事中的出场人物与现实生活中的人物进行了对应。比如，将谢小娥的身份表述为"段居贞妻"，弱化了女性的独立地位；将小娥故事旌表上报的浔阳太守张公，写成了历史上确实存在的刺史张锡；对明显带有杜撰色彩的托梦、解谜、复仇情节进行了缩写，使之更符合客观化、真实性的特点。这说明官方正史的编纂者依然赞赏谢小娥的所作所为，特别是她身上不畏艰险的复仇精神。

　　谢小娥的事迹见录于《列女传》后，谢小娥也成了真正意义上的孝妇贞女。像谢小娥一样的女子，在遭遇人生苦难时能坚守妇德良知，做出了连男子都感佩的高尚之举，比起大部分湮灭于历史长河中的女性，体现出传统道德修养的最高层面。

谢小娥的故事广为流传，后世不断改写。比如，明代的凌濛初就采用话本小说的形式描写了小娥的后半生，收入《二刻拍案惊奇》中；清代思想家王夫之以《谢小娥传》为底本改编成了杂剧《龙舟会》。这一系列改编说明小说的"教化"功能在不断强化。谢小娥以一种惨烈的方式让后人记住了她。她非常普通，普通得就像邻家小妹，她的传奇更像是一个凡间女子的故事。小娥的经历贴近平民百姓的生活：她没有解开"十二字谜语"的智慧，却有超乎寻常的意志，为了揭开答案，她奔走于各地，遍访才人贤者，多年来求而不得；为了报仇，她处心积虑，隐忍等待，其间忍受着难以想象的羞辱和煎熬。功夫不负有心人，每个人似乎都可以通过努力达到她的精神高度。

三　复仇精神

谢小娥作为一个复仇女的形象流传千年，其实，还有许多唐代传奇故事也记载了复仇女这类特殊的女性，复仇的女性多种多样。首先是按复仇方式的不同，分为人类复仇和鬼魂复仇，《谢小娥传》《崔慎思》《荆十三娘》属于人类复仇故事，《严武盗妾》《霍小玉传》属于鬼魂复仇故事。其次是复仇动机不同，有的为亲族复仇，有的为情爱复仇，还有的为侠义复仇、为申冤复仇等。为什么会有那么多的复仇女性集中出现呢？

首先，这是时代的反映。历朝历代，法律制度难免有自身的不合理或局限性、存在统治者或官员的疏漏枉法，使违反法律甚至作恶多端的人往往得不到应有的量刑和惩罚。女性处于法律的"灰色地带"，她们在复仇无门的情况下，忍受精神上的折磨。正如谢小娥一样，不惜触犯王法、冒着失去生命的危险而艰难复仇。一个从不习武的弱女子，在一夜之间手起刀落，杀死了恶贯满盈的江湖大盗，支撑她走下去的一定是满腔的仇恨。司法制度本身的缺陷导致仇恨的不合理存在，使得女性个人的遭遇无法申诉，迫使她们只有选择复仇这一最为激烈的举动，达到反抗压迫和抵御屈辱的目的。

其次，唐传奇作为小说是文学的一种呈现方式，"复仇女"这一特殊女性形象是文学传统上的继承。上古神话《山海经》中有《精卫填海》的故事，《三国志·庞淯传》《后汉书·庞淯母传》中有赵娥亲（又称庞娥亲）为父复仇的故事；还有唐代许多诗人对复仇精神的赞叹，如杜甫《遣怀》诗中提到的"白刃雠不义，黄金倾有无""杀人红尘里，报答在斯须"，这使得复仇精神在文学作品中盛行。

最后，唐传奇中的复仇女性呈现给读者不一样的感觉，她们在仇恨面前选择勇敢面对，而不是软弱屈服，用独特的方式为自己或亲人复仇。《谢小娥传》否定了世俗对女性的歧视与偏见，肯定了女性的正当人身权利，提升了女性的人格价值，这是女性复仇故事的精髓所在。

在李公佐笔下，我们看到了一个凭借智慧和坚忍终于为家人复仇的唐代女性形象。《谢小娥传》所记载的一桩复仇故事体现出唐代女性不畏强暴、勇于抗争的不屈精神。复仇女的刚毅、勇敢、坚贞和卓越的忍耐力，将女性刚强豪迈的一面展现得淋漓尽致。同时，故事的作者也借助女性复仇故事发泄心中对社会风气的不满，慰藉了民众盼望冤情昭雪的心理。在中国传统社会中，血亲复仇并不是孤立的现象，甚至在人们朴素的认知中，私人复仇是天经地义的事情，可以弥补法律的缺失，维持社会最基本的正义。不同时代的人们，对于《谢小娥传》这样的故事不停地叙述、改写乃至深化，同样体现出"善有善报、恶有恶报"的因果循环论。当然，在一个法治清明的社会，要通过正当的法律途径来解决，遇到困难时，寻求法律上的救济才是正途，因为，"正义也许会迟到，但从不会缺席"。

唐代的"分手快乐"

　　唐代诗人元稹创作的《莺莺传》（又名《会真记》）是当时流传最广的作品之一。故事讲述了青年才俊张生和大家闺秀崔莺莺从相识到相爱，再到始乱终弃的爱情悲剧。同样一个故事，大家更熟悉的可能是元代王实甫以《莺莺传》为蓝本所创作的《西厢记》。在《西厢记》中，张生和崔莺莺有了美满的结局。当年《莺莺传》出来后，有人说这是作者元稹"借张生之事炫耀自己情事的风月文章"。果真如此吗？张生是元稹本人吗？透过《莺莺传》，我们可以了解唐代社会的哪些法律现象呢？

一 才子佳人

唐代贞元年间，一表人才的读书人张生性情温和，但也清高孤傲，不合礼仪的事情从来不做。已经 23 岁的他，还没接触过女色。面对别人对他婚姻状况的关心，他总是这样辩解："在历史上，登徒子并非好色之人，却留下了好色的名声。我也喜欢美丽的女子，只是还没有遇到喜欢的人。"从张生的话来看，他在爱情上是完美主义者，坚持要等自己喜欢的人出现。也许是上天垂怜，张生的缘分终于有了转机。

有一天，张生到蒲州游览，住在蒲州的一个寺庙里，这个寺庙叫普救寺。在这里，他遇到了走亲戚恰好路过这儿的寡妇崔氏。崔氏本姓郑，张生的母亲也姓郑，若论起关系来，他们还沾亲带故，也算认了亲戚。刚巧，这一年军中大乱，大肆抢劫蒲州。崔家财产很多，害怕被抢劫，知道张生与蒲州的军官素有交情，就委托张生居中联系，请蒲州的军队保护崔家，崔家这才免遭兵灾。免遭兵灾这可是大恩，崔氏大摆宴席款待张生。

在宴席上，崔氏对张生说："张公子搭救之恩，我没齿难忘，我让我的两个孩子以仁兄之礼来拜见，希望以后能报答恩情。"说着，崔氏就让儿子欢郎和女儿莺莺前来行礼。这回我们的女主人公崔莺莺就要登场了，不过莺莺却久久不出来，推脱自己不舒服。这下崔氏急了，生气地说："是你张兄保住了我们的命，不然的话，我们家早被抢光了。"莺莺见势，不得不出来面见张生。她衣着朴素，虽没有化妆但天生丽质，张生一看到光彩照人的莺莺，仿佛过电一般。而莺莺呢，被母亲强迫出来见人，她表现出很不情愿的样子，张生问她多大了，她也不回答。母亲崔氏赶紧打圆场，告诉张生莺莺今年 17 岁了。

这次见面后，张生寝食难安，他已经喜欢上了莺莺，却碍于情面，没有当场表白。于是，他私下里找莺莺的丫鬟红娘，甚至托人送给红娘礼物，希望红娘能代为转达心意。结果，红娘一看，这礼物不轻，而且关系到主人的姻缘，于是被吓到了。第二天，红娘又来找张生，对他说："你的话，我不敢转达也不敢告诉别人，你跟崔家是亲戚，有恩于他们，为什么不直接向崔家求婚呢？"

红娘的这个问号其实也是大家的问号，张生为什么放着大路不走非要绕个弯路去求丫鬟呢？真是令人费解！张生是这样回答的："我从小性格就很拘谨，如果通过媒人去娶亲，又要纳采，又要问名，少说也得三四个月，恐怕我早得相思病而死掉了。"

在我们今天来看，求婚这事并不难啊，张生提点礼物上门就是了，但当时却需要走烦琐的流程。

因为《唐律疏议》规定："诸卑幼在外，尊长后为定婚，而卑幼自娶妻，已成者，婚如法；未成者，从尊长。"婚姻的规范首先是从订婚开始，既要有媒妁之言、父母之命，还要在达到一定婚龄时才能定下私约、婚书或者聘财，又要不在法定限制条件之列。在具体的婚礼操作环节，唐代婚礼延续了先秦时期确立的六礼。《礼记·昏义》规定婚礼的程序为：纳采、问名、纳吉、纳征、告期、亲迎，即从议婚至完婚过程中的六种礼节。唐律对婚姻六礼的继承体现出"援礼入法"的特点，之所以这么烦琐，目的是确保婚姻的正确性与严肃性，所以张生担心的求婚到结婚的过程正是因为法律规定的烦琐而引起的，不是简单的"你情我愿"就可以的。

二 私定终身

红娘看到张生魂不守舍，心软了，她对张生说："我家小姐是正派人，不喜欢听一些不正经的话。她喜欢诗文，张公子可以试着写诗给她看。"张生一听，马上写了两首诗，让红娘转交。

当天晚上，红娘又来了，拿着莺莺回应的诗，诗的名字是《明月三五夜》："待月西厢下，迎风户半开。拂墙花影动，疑是玉人来。"这首诗是什么意思呢？聪明的张生一下子明白了这首诗的意思。当天晚上，恰是二月十四日，莺莺房间的东面有一棵杏树，攀上它可以越过墙。

第二天晚上，张生把那棵树当作梯子爬过墙去。到了西厢房一看，门果然半开着，却是红娘躺在床上。红娘大吃一惊，问道："张公子，您怎么来了？"张生说："我是按照你家小姐信中的意思来的，你替我禀报一下。"不一会儿，莺莺来了，她穿戴整齐，表情严肃，大声数落张生："哥哥恩德救了我们全家，可是，您为什么叫不懂事的丫鬟送来放荡之词呢？"莺莺对张生好一通数落，说张生的行为不合乎礼法，希望他用礼法约束自己，不要乱了方寸。说完，莺莺就走了。满怀热情的张生没料到第一次单独约会是这个局面，沉思良久，他只好悻悻地翻墙回去了。这次约会，让张生失望透顶。

几天后的晚上，张生正在睡梦中，忽然被人叫醒，他惊恐地坐了起来，发现是红娘抱着被子、枕头来了，说："我家小姐来了，您还睡什么觉呀？"张生擦了擦眼睛坐起来，疑心自己是在做梦。可仔细一看，莺莺真的出现在他眼前，宛如仙女下凡。这一次，莺莺完全不是第一次约会的样子，她多情妩媚，婀娜多姿，令张生如醉如痴。

春宵苦短，天很快亮了，虽然万般不舍，但莺莺还是跟前来催促的红娘走了，张生以为自己做了一场梦，但莺莺脂粉的香气还在自己的衣袖上，这一切又都那么真实。

到这里，我们可能会有一个疑问：为什么莺莺前后的态度出现了大转折？从拒绝出来见张生，到张生写诗表白后痛斥张生不合礼仪，最后又自荐枕席、亲自前来，这是为什么呢？虽然作者并没有交代莺莺的家世，但莺莺家有资财、有仆人，莺莺应该是一个大家闺秀，从她写的小诗中也能看出她有不俗的文化修养。第一次见到张生，害羞内敛的莺莺首先想的是自己的言行举止要符合道德礼教的规范，所以她对张生非常冷淡，没有表现出半点儿热情。但风流倜傥的张生不可能不在莺莺的心里留下深刻的印象，等到丫鬟红娘转达张生的诗文和心意，此刻的莺莺其实已经动心了，不然，她不会写下小诗约张生相见。尽管见面之后是一通斥责，但此时的莺莺应是情根深种。莺莺在审视、选择异性时，并不是轻浮的，而是有自己的主见，她以男性的学识、文采为标准，体现出"佳人爱才子"的理想模式。

就在张生已经绝望之时，莺莺突然出现在他面前，莺莺担心失去张生，决心不顾一切冲破礼教的束缚也要和自己爱的男子在一起。这个时候的莺莺是勇敢的，在这种复杂矛盾的心理斗争下，贵族少女崔莺莺终于突破了传统的桎梏，主动约会意中人张生，并且自荐枕席，这种行为在当时是极其大胆的。

说起来，唐传奇中有一大部分是贵族少女，虽然享受着比一般女性更高的地位和待遇，但她们同时也极大程度地受纲常伦理的约束。身份地位限制了她们对美好爱情的追求，但她们仍然勇往直前、义无反顾地进行反抗。

我们接着讲下面的故事。两个有情人终于走到了一起，此后的十多天，莺莺又消失了，一点儿消息也没有。张生恍惚不已，把所有的情思写成了《会真诗》，这首诗一共三十韵，张生让红娘转交给莺莺。收到诗后，莺莺又开始来了，早上偷偷出去，晚上悄悄进来与张生幽会，他俩安寝的地方正是诗中所提到的"西厢"。

这样维持了一个多月，张生试探着问莺莺母亲的态度，莺莺却说："我没有办法告诉她。"羞涩的莺莺始终不敢把自己的事告诉母亲，说明她内心认为自己和张生私下结合是羞耻的，她无法面对母亲。其实，这个时候张生的态度还是希望能跟莺莺结婚的，那么结局怎样呢？

不久，张生要去长安参加考试，离开前的那天晚上，莺莺却没有来。又过了几个月，张生回到了蒲州，跟莺莺厮守了好长一段时间。张生能感觉到莺莺内心的伤感，但莺莺始终没有用言语表达出来，张生越来越猜不透她的心事。

三 离愁别绪

眼看着考试的日子快要到了，张生临走的那天晚上，莺莺忽然对张生说了这样一段话："公子于我，起先是玩弄，最后可能是抛弃，这对你们男人来说是理所当然的。山盟海誓有结束的时候，你又何必为离别而感伤呢？你说喜欢听我弹琴，现在我为你弹一曲吧。"莺莺开始弹奏《霓裳羽衣曲》，还没弹几声，悲凉的琴声又怨又乱，身边的人听了都忍不住流下泪来。这时，莺莺泪流满面地扔下琴，急步跑回了母亲的住处，再也没有回来。谁也没有料到，这是莺莺与张生的最后一面。

第二年，张生考试不中，便留在了京城。他写信安慰莺莺。莺莺回信道，捧读来信，爱抚之意极为深厚。自前分别，转眼已过一年。长安是行乐的地方，到处都会触动情思。好在您没有忘记我这微不足道的人，眷恋之情从未倦怠。我浅薄的心意无法回报您。至于生死相守的盟约，却永远不变。想到我们同衾共枕时情深意长。我一片痴情，以为有所寄托，怎奈不能缔结良缘，而我以献身为羞耻。毕生长恨，除了悲叹，再无其余！生死至诚，尽言于此。附上玉环一枚，是我小时的玩物，寄给您佩戴在腰上吧。玉表示坚韧不变，环寓意周而复始、永不断绝。同时寄上乱丝一缕，斑竹茶碾子一个。数样物品，虽不值钱，但希望您像玉一样坚贞，我的志向像环一样永不改变。幽恨凝聚，神驰千里，祈愿保重，以此为念！

很明显，这是一封分手信，信中依然能看到莺莺对张生的深情，也能看到她的心结，以献身为羞耻，两个人以不能缔结婚姻为毕生的遗憾。这在今天我们看来难以理解，两个人两情相悦，为什么不能走进婚姻呢？

从信中，我们可以看出莺莺的态度小心翼翼，未有复合之意。毕竟他们俩是没有经过父母之命、媒妁之言，两个人的结合于礼法而言不合规矩。看了莺莺的分手信，张生什么态度呢？

张生把莺莺的信拿给朋友们看，当时很多人知道了这件事。张生的朋友们都觉得惊讶，为什么张生没有挽留莺莺呢？张生是这样解释的："大凡天之所命，尤物也。不妖其身，必妖于人。使崔氏子遇合富贵，乘宠娇，不为云，不为雨，为蛟为螭，吾不知其所变化矣。昔殷之辛，周之幽，据百万之国，其势甚厚。然而一女子败之，溃其众，屠其身，至今为天下僇笑。予之德不足以胜妖孽，是用忍情。"这一大段，是文章的落笔之处，意思是说：大凡上天所造就的绝代佳人，不危害她自身，就一定为害他人。如果崔莺莺婚配富贵人家，凭借着娇宠，不成云不成雨，就成为蛟成为螭。从前殷商的帝辛和西周的幽王，都曾统治百万人口的国家，力量很雄厚，然而一个女子就可以破坏他的国家，溃散他的民众，宰割他的躯体，至今仍被天下人耻笑。我的德行不足以战胜妖孽，只好克制自己的感情，是为忍情。

张生的这段话无疑是在高谈阔论，是在为自己的没有挽留而寻找理由，"丈夫当如此这般"，大义凛然提到"是用忍情"，这标榜了男方的清高，但将莺莺比作妖或者比作祸害商纣王、周幽王的红颜祸水，用"尤物"来比喻曾经爱过的女人。说到这里，我们发现张生有点儿不厚道，甚至令人难以接受。这段话让他痴情才子的形象瞬间崩塌，张生变成了薄情郎、负心汉。《莺莺传》有怎样的创作背景？张生和崔莺莺曾经相爱，为什么张生要以辱骂作为分手的方式呢？作者元稹为什么这么写？

关于以上问题，学界有这样的看法：这一段很可能是作者元稹的特意设计。《莺莺传》篇末说："贞元岁九月，执事李公垂宿于予靖安里第，语及于是，公垂卓然称异，遂为《莺莺歌》以传之。"意思是，唐德宗贞元二十年（804 年）九月，元稹将故事讲给李绅（字公垂）听，李绅作《莺莺歌》，元稹写了这篇传奇。关于小说所写悲剧的成因，一种广为流传的观点是门阀观念对爱情婚姻的影响，即认为张生出身高门而莺莺出自寒门，甚至有人认为莺莺可能是一个妓女。据古今学者考证，元稹很可能是以自己的一次艳遇作为基础来创作这篇传奇的。元积生活的时代是安史之乱后，批判唐玄宗和杨玉环的爱情故事成为那一时期文坛的潮流，甚至成为"政治正确"的表现。在《莺莺传》中，无论莺莺弹奏的《霓裳羽衣曲》，还是莺莺寄给张生的信物——玉环，以及最后一大段以色误国的论调，都是用来讽喻君王荒淫误国的唐代史实。

唐代的人们在对待婚姻方面，承袭了魏晋南北朝以来的婚姻旧俗，"父母之命、媒妁之言"成为婚姻的决定性因素，这使得知识分子内心充满了苦闷，却又无可奈何。在唐传奇中，作者不仅塑造出理想中的女性形象，也同样表现出男性希望遇到一位才、情、貌俱佳的女子，能够在灵魂上互相吸引、精神上平等交流。通过《莺莺传》最后一段的描述，我们发现在男尊女卑的社会形态下，作为群体的男性无论是拒绝还是需要女性，都难以摆脱以自我为中心的意识，这应该是男权视角的普遍性特征，也是宗法社会避免不了的时代烙印。

故事最后的结局如何呢？后来，崔莺莺嫁与别人，张生也已另娶。有一次，张生刚巧经过莺莺的住处，便通过莺莺的丈夫告诉莺莺，请求以表兄的身份见一面，但莺莺始终不肯出来，张生哀怨的心情流露在脸上。莺莺知道后，偷偷写了一首诗："自从消瘦减容光，万转千回懒下床。不为旁人羞不起，为郎憔悴却羞郎。"两人终究没有再见面。莺莺在最后的诗中写道:"弃置今何道,当时且自亲。还将旧时意,怜取眼前人。"

故事到这里结束了,结局令人唏嘘,一对有情人终未成眷属,而这场悲剧或许是可以避免的。

四　何以忍情

从唐到宋,《莺莺传》主题一直在发生变化。唐代元稹的《莺莺传》中对张生抛弃莺莺的行为持赞成态度,到后来宋代的文人们对张生抛弃莺莺的行为表示不满,表达自己的同情。《莺莺传》流传了400年左右的时候,金代董解元的《西厢记诸宫调》问世了,这就是所谓的"董西厢"。从金"董西厢"对青年男女勇敢追求爱情的赞美,到元代王实甫《西厢记》的家喻户晓,都描绘出了"愿天下有情人终成眷属"的主旨,鼓励青年男女冲破封建束缚,追寻自己的爱情。

为什么同一本书在流变过程中思想主旨会产生如此大的差异呢?这要从影响作品的主客观因素说起。

《莺莺传》产生于唐代。唐代仍然十分讲究门第,出身于五姓七家的人地位尊贵，社会等级制度森严。其中的张生属于出身于中小地主阶级的士人，要靠科举获得功名，在婚姻上要选择高门贵女。因此张生用"德不足以胜妖孽"的借口抛弃了她。

"董西厢"产生于南宋和金国对立时期，这时候身处北方的汉人已经有了思想解放的萌芽。男女在选择配偶时有了一定的自主权，因此"董西厢"中的崔莺莺性格变得更加自主大胆，她敢于反对家长的安排，要求从封建礼教中得到解放，追求婚姻自由，爱情成为婚姻的基础。在这里，张生不再是薄情郎，而是敢和崔氏一起反对封建婚姻制度的勇敢青年。为了和崔张二人作对比，崔夫人作为封建制度的代表被刻画得极为鲜明，更加衬托出了二人的形象。结局也产生了很大的变化，崔张为了心中的爱情出走，最终二人冲破种种阻碍走到了一起。

"王西厢"成书时间是在元代。这个朝代对儒家文人们极其不友好。30多年来都没有举办过科举，文人士子们地位极低，满腔抱负无处施展。很多人为求生存不得不出入勾栏瓦肆之中，他们只能借手中的笔来抒发内心的苦难，笔下的故事大多是大团圆的结局。"王西厢"进一步明确反对封建礼教和婚姻制度，认为婚姻双方应该两情相悦，以感情为基础。结局变得更加圆满，张生金榜题名，有情人终成眷属。

王实甫实在受不了才子佳人相爱却分离的悲伤，利用手中的笔给张生和莺莺安排了一个美好的结局。他创作的《西厢记》闻名中外，知名度远远超过了唐代的《莺莺传》。但论功劳，唐代的元稹无疑居于首位。他以旁观者的笔调，道尽了张生与崔莺莺相爱的辛酸。崔莺莺终究不是耽于幻想的少女，她还是困于礼教，也明白张生必然不会为她放弃前途，不如自己先退出。张生的选择具有鲜明的时代色彩，他是古代士人的典型形象：读书、入仕、追求自我价值的实现。

在唐代，门阀制度的影响可谓深远，士人们如果要继续他们的爱情，将面临三个方面的压力：一是世俗的压力。上至天子，下至平民百姓，他们的择偶都有一定标准。唐人择偶首先注重门第，"在功名上能考中进士，在婚姻上能娶到世家大族之女"。二是自身的压力。随着科举制度不断完善，士人们只有高攀上名门望族才有可能在仕途中得到照顾，甚至平步青云。权贵们也想通过笼络新贵，以确保各方面的优势地位不被挑战且得以延续。三是法律的压力。统治者用法律来维持统治、保护社会的等级性。《唐律疏议》中规定："人各有耦，色类须同。良贱既殊，何宜配合。"这说明只有本阶层的人才能互相通婚，否则就是违背法律，这是以法律的形式来维护原有的门阀制度。综合以上三个方面的原因，像张生这样的读书人，为了家族的利益和个人的前途，放弃爱情变得世俗是理所当然的。莺莺的母亲只是一位寡妇，莺莺家能够带给张生的资源十分有限。这不仅是作者的有意创作，也是社会现实在文学作品中的反映，《霍小玉传》《莺莺传》均是如此。

张生并非表面上那样绝情。多年后，张生和崔氏各自成家，张生心存痴想，希望能见崔氏一面，"怨念之诚，动于颜色"。直到看到莺莺的诗，张生才彻底断了念想，两人终究不再纠缠，一别两宽。"还将旧来意，怜取眼前人"也因为《莺莺传》而成为千古名句。《莺莺传》感人至深，是否有人物原型呢？

据说，《莺莺传》是作者元稹的半自传小说，讲的是元稹和唐代名妓薛涛的故事，后人将指责的矛头对准了始乱终弃的元稹，也有读者同情伤心的薛涛。"文由心出"，如果不是经历过内心的付出与纠结，元稹也写不出"曾经沧海难为水，除却巫山不是云"的经典诗句。

《莺莺传》全篇充满了一种诗意美，本身就像是一首哀感顽艳的抒情诗。形象的诗意美，小说的诗意美，表现在多个方面。首先，莺莺本人多情和含蓄的诗人气质。其次，莺莺表达感情的方式，诸如弹琴、赋诗等都是风致高雅、充满诗意的。再次，莺莺的那封复信，是一篇抒情杰作，一篇优美的散文诗。内心世界表露得十分细致、含蓄、深微，文辞又那样优美典雅，揭示出一个复杂的内心世界，其中有爱、有恨、有忧、有喜、有期待、有失望，从自责自悔中曲折地表达了对张生的怨恨。最后，艺术氛围的点染。小说中没有太多的写景文字，但作者也着意为这个充满哀怨的爱情故事设置了极为优美和充满诗意的环境。

写《莺莺传》时的元稹，毫无疑问是无比真心的，只有真心融入真情才能写得入木三分。也许，曾有一个类似莺莺的女子在他生命中烙下了难以抹除的印记，让他魂梦相牵，让他拥有过一段美好的时光，最终却是负了青春、负了你。当无法面对心中所爱，只好利用手中的笔以传之天下，希望有朝一日落入旧情人的眼帘。多情并非滥情，离开也并不意味着不忠。将《莺莺传》视作元稹炫耀自己过往的经历，终究是难以验证的观点。

通过一个小小的传奇故事，我们发现唐代男女关系并不是难以启齿的话题，男女交往开放而自由，文人墨客创作的诗歌和传奇带有思想解放的特点。他们的作品中不乏才貌双全的女性，思想上灵动奔放，既享有受教育的权利又拥有一定的社交自由，从而形成了独具时代特色的女性婚恋观念。这不仅是唐代女性真实生活的一个缩影，还透露出处于萌芽状态的女性自我意识的觉醒。

尽管唐代的《莺莺传》以男女主人公的分手为结局，从形式上看是一场悲剧，但从女性婚恋观念来说，我并不认为是一场悲剧。长期以来，不管是正史中处于边缘地位的女性，还是《列女传》中被歌功颂德的女性，她们的形象是被树立的，她们自己的声音是喑哑的。《莺莺传》的出现反映出唐代的思想文化、社会制度、伦理道德方面已经有了重大突破和变化：处于男性威权下的女性有了自己的主见，让我们耳目一新。在故事的结尾，男女主人公感情仍然没变，在分手后还能做到彼此祝福，这是难能可贵的"分手快乐"。

人生若只初相见

　　《李娃传》是唐代文学家白行简所创作的一篇传奇。故事讲述了善良、冷静、果断的烟花女子李娃认识到自己与郑生的爱情不可能有结果时，便参与了驱逐公子的计划。但当看到郑生沦为乞丐时，她毅然赎身，倾全力为郑生调养身体，蜕变成一位贤妻良母。透过《李娃传》，我们如何看待唐代敏感的社会矛盾？

一　流落风尘烟花巷

　　故事发生在唐玄宗天宝年间。有位常州刺史荥阳公郑氏，名字不详，当时名望很高，家中人口很多。他 50 岁那年，儿子刚满 20 岁，生得聪颖俊秀，很有文才，气度不凡。荥阳公非常喜爱并器重他，说："这是我家的千里马。"

公子郑氏 20 岁了，也该为功名而努力了，受郡县推荐进京赶考。他要参加的是秀才科的考试。临走前，父亲荥阳公为他在服装、珍宝、车马等方面做足了功课，计算好进京后的日常生活费用，并对他说："我相信你的才华，应当一考就能夺魁。现在，我为你准备了两年的费用，并且给得还多一些。你一定要实现自己的愿望。"公子从小没受过什么挫折，信心满满，甚至有些自负，把考取功名看得像在手心里写字那么容易。

公子从毗陵出发，经过一个多月到达了长安，住在布政里。有一次，他逛完东市，从平康里的东门进去，要到城西南去拜访朋友。当他到了鸣珂巷时，看见一所住宅，门庭不是很宽广，但房子排列得整齐幽深。在这里，他遇到了谁呢？他的命运是否因为这次偶遇而发生什么变化呢？

果不其然，这次偶遇就像小说里常见的情节一样。巷子里的门半开着，有个年轻姑娘，美貌妩媚，还有一个婢女侍奉在侧。公子从没见过如此美貌之人，突然见到她，不由自主地停下马来，看了半天，迟迟不忍离去。聪明的公子还假装把马鞭掉在地上，等待仆人来取，在吩咐仆人的瞬间，不断地偷看这位姑娘，姑娘也转过头来用眼睛斜盯着他看，显出很娇羞的神情。但公子最后还是不敢说上一句话，便悄无声息地离开了。

从此，公子心里若有所失，于是暗中通过熟悉长安的朋友打听，朋友告诉他，这是妓女李娃的家。他又问："我可以认识她吗？"朋友回答说："李家很富有，从前和她往来的多是贵戚豪族，她得到的赏钱很丰厚，不花上百万金，不能打动她的心。"公子说："我只怕事不成。即使用掉百万金，又有什么可惜的呢？"

看到这里，我们似乎看到了一场言情小说中最常见的开场白。故事是不是沿着你侬我侬、情深意切的方向发展呢？

有一天，公子穿戴整齐，带了许多随从前去李家。公子敲了李娃家的门，不一会儿，一个侍女开了门。他故意问："这是谁的府上？"侍女不回答，跑进去大声叫道："前些时日，掉马鞭的那位公子哥来啦！"没想到，侍女的记性这么好，又好像李娃本人也在等待公子的到来。李娃回应道："你暂且叫公子等一下，我要打扮好了再去见他。"公子听后，心中暗喜。

侍女便把公子引到影壁边，这里有一个头发花白的驼背老妈妈，她就是李娃的"母亲"。公子上前施礼并且恭恭敬敬地说："听说这里有空屋，愿意出租给别人住，是这样吗？"老妈妈说："只怕这些屋子简陋狭窄，不能令您满意。怎么敢谈出租呢？"说完，老妈妈就邀请公子到客厅里去坐下，客厅很华丽。老妈妈和公子面对面地坐下，说道："我有一个小女儿，略懂歌舞技艺，我安排她来见见您。"于是，她就叫李娃出来。只见李娃眼睛明亮、手腕雪白，走起路来美极了。公子惊讶得赶忙起身，不敢抬头看李娃。

公子和李娃互相拜见后，寒暄了几句，李娃一举一动、一颦一笑都美艳动人，公子从未见过。李娃为公子沏茶斟酒，所用的器皿都很洁净。他们在一起聊天聊了很久，直到太阳落山、鼓声响了四下。公子住的地方有些远，便打算在李娃家要出租的屋子暂住一晚。

晚饭后，老妈妈起身走了，公子和李娃谈话的气氛变得随意。公子说："前些时候，我偶然走过你家门口，正好遇见你在门边。打那以后，我的心里经常思念你，即使睡觉吃饭，从未有片刻忘记。"李娃说："我心里也一样。"公子说："今天到这里来，不单是租房子，而是希望实现平生和你在一起的愿望，但不知道我的运气如何？"话还未说完，老妈妈又回来了，问他们在谈什么，公子就统统告诉了她。老妈妈笑着说："年轻男女之间，存在爱恋的欲望，这也很正常。感情如果契合，虽说父母之命，也不能制止。可我这小女配不上公子，怎么能侍候在您身边呢?"公子立即走下台阶，拜谢老妈妈说："我甘愿献身做奴仆，定会报答您。"老妈妈也没有固执己见，于是认公子做了女婿。他们又畅饮了一番，等到天亮，公子把他的行李全部搬来，就此住在李家了。说来奇怪，虽说唐代社会风气开放，但公子与李娃的感情进展也过于迅速了吧?

　　说到这里，我们必须介绍一下《李娃传》的作者白行简。白行简（776—826 年），字知退，是白居易的弟弟。元和二年（807 年），白行简考中进士，曾经担任左拾遗、度支郎中、膳部郎中等官职，《旧唐书》记载："（白行简）文笔有兄风，辞赋尤称缜密。"

　　《李娃传》中的女主人公李娃，在白行简笔下，起初是清纯无瑕的少女吗?

　　不是。李娃是一个流落风尘的烟花巷中的老手，文中的老妈妈也不是她的亲妈妈，而是老鸨。在生存环境的长期浸染下，李娃也学会了一套引诱、取悦、玩弄权贵的方法。果不其然，事情的发展开始跑偏……

二 合力骗得公子财

　　自公子与李娃私订终身后，公子便匿迹藏身，不再与亲友互通消息，每天和倡伎优伶聚会，吃喝玩乐。父亲给他准备的钱财很快就用完了，困顿之际，他卖掉了马匹和车辆，后来又卖掉了书僮。过了一年多，钱财、仆人、马匹全部没有了。慢慢地，老妈妈对他的态度越来越冷淡，但李娃对他的感情却越来越浓厚。在金钱用完之际，也就是情缘了断之时，本来足够两年的盘缠很快被挥霍一空，公子被设计赶出了李家，李娃也消失了踪影。

　　李娃所在的家不仅是一个寻欢作乐的场所，还是一个充满虚伪、欺骗和残忍的销金窟。她们从接客到送客，都有一套高明的应付手段，并经过精心的安排。她们看重的是嫖客的钱财，"有钱就热，无钱就冷"，这是烟花行当中人的本性。这一点通过这几个人物的活动，特别是通过对公子从迎到逐的场景描写，揭示得十分生动而且残酷。

　　身无分文的公子病倒在街头，幸而被棺材铺的伙计救活，后来便成为一名在丧事上唱挽歌的歌手。因为挽歌唱得好，公子很快名扬京城。但就在他与人比赛唱挽歌的当天，被到京城"入计（汇报工作）"的父亲发现，父亲当然不敢相信自己的眼睛，愤怒的父亲暴打了儿子一顿，公子昏死在路上。后来，好容易捡回来一条命，却沦为乞丐，夜晚钻进地窖中，白天就在市场、店铺里流浪。在一个大雪纷飞的冬日，他在里巷间乞讨，冻得连声疾呼："饿煞啦！冻煞啦！"声音凄切，令人不忍心去听。

有一次，公子无意之中走到了李娃的门口，李娃在房中听到了公子的呻吟，对婢女说："这一定是公子，我听出他的声音了。"说完赶快跑了出来。只见公子骨瘦如柴，满身疥疮，已经没有人样了。李娃心里很激动，说："您难道不是公子吗？"公子昏了过去，一句话也说不出来。

李娃扶着他回到西厢房，失声恸哭道："您今天落到这个地步，是我的罪过啊！"李娃哭昏过去，良久才醒过来。老妈妈大惊，跑过来问："怎么啦？"李娃说："这是郑公子。"老妈妈忙说："应当赶走他，怎么让他到这里来！"李娃严肃地说："不该这样。他是好人家的子弟，想当初他驾着华丽的大车，带着装满财宝的行李，来到我们这里，不到一年钱就花光了。我们合

229

起来设下诡计，抛弃并赶走了他，简直不像是人做的事。是我们让他丧失志向，被亲戚朋友看不起。父子之道是天性，是他父亲恩情断绝，打昏他后又抛弃了他。公子如今沦落到这个地步，世上的人都知道是因为我。公子的亲戚遍布朝廷，有朝一日当权的亲戚查清缘由，灾祸就会降到我们头上了。何况欺天负人，鬼神也不保佑，不要自找祸殃吧。妈妈，我做您女儿，至今有二十年了。算起您为我花的钱来已不止千金了。现在您六十多岁了，我愿归还您养育我二十年所用花费来为自己赎身，我要和他另找住处。我们住的地方不会远，我早晚能够来向您请安，侍候您也不会怠慢。您如果能答应，我就心满意足。"老妈妈看李娃的志向已经不可改变，只好答应了。

我们可以看出，李娃善良、冷静、果断：当她认识到自己与郑生的爱情不可能有结果时，便参与了驱逐公子的计谋。但当看到郑生沦为乞丐时，她又毅然赎身，与老鸨决断，倾全力为郑生调养身体。这里，李娃就像邻家女孩一样善良。

李娃给了老妈妈赎金之后，只剩下了百金。她就在北边角租了一个空院子。在李娃的精心照顾下，过了一年，公子康复得像当年一样了。又过了些时候，李娃对公子说："你的身体已经康复了，志气已经旺盛了。你应该深思熟虑，想想从前的学业了。"公子想了想，说："只记得大概十分之二三了。"李娃驾车出门，公子骑马跟在后面。到卖书的书铺，她让公子选择一些书买下，算起来也有百金。李娃叫公子抛弃杂念，一心学习，不分黑夜白天，孜孜不倦。李娃经常陪伴公子，坐在一旁，直到深夜才睡。每看到公子疲倦了，李娃就劝他练习诗文。过了两年，公子学业大有长进，天下能见到的典籍，他都读过了。

公子对李娃说："我可以报名应考了。"李娃说："不行，还应让学业更加精进，才能应对各种考试。"又过了一年，李娃说："公子，依我看，你可以应考了。"果然，公子一举就考上了甲科，名声传遍了礼部，即使是老前辈看到他的文章，也无不肃然起敬。李娃说："你现在还不行。现在的秀才，假如得了一次科名，就自以为可以得到朝廷的要职，美名扬天下。你以前行为不端、品德又卑下，不同于其他文人。应当磨炼锋利的武器，求得再战再胜，结交更多文人，在名士中称雄。"公子听从李娃的建议，越发勤奋刻苦，声望越来越高。那一年，正赶上科举考试的大比之年，诏令四方的才子应考，公子报考直言极谏科，名列第一，随后被授予成都府参军的职位。三公以下的官员，都成了公子的朋友。

讲到这里，我们发现李娃的人物性格是复杂矛盾的。在利、义面前，她先是利压倒了义，合谋驱逐公子；后来在公子沦为乞丐的悲苦生活面前，她善良的人性复苏，又使她的义战胜了利，而且一经转化，其所作所为就超出了常人所能达到的境地。李娃终于在现实生活的矛盾冲突中，克服了自身思想性格中的矛盾，由一个贪财无义的烟花女子，成了一位善良多情的贤妻良母。她转化以后的种种表现，也就是作者白行简所热情赞美的"节行瑰奇"的"节行"。

三 夫贵妻荣好姻缘

公子马上要到成都去上任，李娃对他说："如今恢复了你本来的身份，我不再有负于你了。我愿以我的余年，回去赡养老妈妈。你应当和高门大族的小姐结婚，让她主持家政，无论在你们的姻族中或姻族外结亲，都不要糟蹋自己，自珍自爱，我从此就离开了。"公子哭道："你如果抛下我，我就自刎而死。"李娃坚决推辞不从，公子苦苦请求，态度恳切。李娃也妥协说："我送你渡过江，到达剑门后，我就回来。"公子只好答应。经过一个多月的路程，他们到了剑门。

这时，公子的父亲从常州奉诏入朝，被任命为成都尹兼剑南采访使。过了十二天，荥阳公到达。公子递上名帖，在传递文书的驿站中拜见了父亲。父亲不敢认他，但看到名帖上祖父三代的官职名讳，才大吃一惊，让他登上台阶，抚摸着他的后背痛哭了好久，才说："我们父子一场，是我冤枉了你，我们和好如初吧。"

荥阳公问了公子事情的缘由，公子详细说了事情的始末。荥阳公非常惊奇，问李娃人在哪里，公子回答说："她送我到了这里，正打算回去。"父亲说："不能这样。"他让公子和车马先去成都，让李娃在剑门，单租一幢房子让她住下。第二天，又让媒人来说了媒，六道大礼全部备齐，然后来迎接李娃。就这样，李娃和公子成了正式的夫妻。

中国自古就是一个中央集权的等级制国家，鲜明、严格的等级制度是其特色，并且这种思想被渗透进立法中，以法律的形式加以明确。具体到唐律，这种等级差别更加明显。李娃作为一个娼妓，地位与奴婢同等，而郑公子出身官宦世家，身份上有着不可逾越的鸿沟。《唐律疏议》明确规定二者地位的不同，禁止为婚。唐律规定："诸与奴娶良人女为妻者，徒一年半；女家，减一等，离之。其奴自娶者，亦如之。主知情者，杖一百；因而上籍为婢者，流三千里。"奴为贱，贱与良为婚则刑罚严厉，充分体现了统治阶层对等级制度的重视。

李娃嫁过来之后，一年到头主持祭祀都很合乎规矩，她遵守妇道，治家严格有条理，很受公婆喜欢。又过了几年，公子的父母都亡故了，她依礼守孝很尽心。竟然有灵芝生长在她守孝的草庐边，一个花穗开了三朵花。当地长官把这事上奏给了皇帝。又有几十只白燕子在她的屋脊上筑了巢。皇帝感到惊奇，更加提高了赏赐的等级。守孝期满，公子连连升任重要的职务，十年当中，做过好几个郡的长官，李娃也被封为汧国夫人。后来，他们生了四个儿子，都做了大官，最低的也做到了太原尹。兄弟四人的婚娶都是门第最高的人家，京城内外的望族。

说来这里，我们再来分析一下：《李娃传》的男女主人公门第迥异，他们相恋并经过艰难曲折最终结合，是不是触及唐代的敏感社会问题？门阀制度如何影响个体的命运呢？

荥阳公对其子态度的前后变化，李娃帮助公子恢复后又主动退却，都鲜明地揭示了门阀制度的不合理。听完这个故事，人们也许会为男女主人公遭遇的磨难悲伤，或许会为他们圆满的结局而欣慰，但故事终究是故事，是作者一厢情愿虚构的美好景象。李娃以一个妓女的身份，不但成为贵官的正妻，而且被封为汧国夫人，这在当时社会是不可想象的。其中虚构的成分在唐代现实的生活环境中能实现吗？答案是否定的。其实李娃和郑公子的开始在唐代就是一个错误。从唐代法律制度来看，奴婢尚不能为妾，妻妾不能乱位，以妓女为正妻更不可想象。白行简虚构出这一理想结局的故事，给倡优女子以极大的同情，赞美其多才多情，无疑是对门阀制度的批判。

公子与李娃结合的行为，在身份方面违反唐律的规定。其实，李娃也深知自己和郑公子在身份上的高下之差，在公子即将上任为官时，李娃主动提出离开，让他与高门大族的小姐成婚，让她主持家政，而公子竟也半推半就答应了。

唐代婚姻制度奉行西周以来"父母之命，媒妁之言"的婚礼原则，唐律以礼立法，维护婚姻上的"礼之大本"，确认了家长对子女的主婚权。一开始，李娃和郑公子是自愿结合在一起的，没有经过男方家长的认可，可以随意离开。之后郑公子的父亲亲自让媒人说媒，备齐六道大礼后，才来迎娶李娃，他们这才成了正式的夫妻，过起正常的家庭生活。

《李娃传》是唐传奇中的经典故事，白行简的高超之处在于虚构了一个娼妓李娃与所爱士人郑公子历经磨难，终于圆满结合，并获得荣耀的喜剧性结局，表现了作者对倡优女子的同情和品格的赞美，具有浓厚的理想主义色彩。这部作品表现了男女双方婚恋上的人格平等，这不仅突破了古代世俗的重压及礼法的限制，对后世也有积极影响。后世常将《李娃传》故事改编为戏曲，如元代石君宝的杂剧《李亚仙花酒曲江池》、明传奇《绣襦记》等，戏曲中常见的"落难公子中状元"的熟套，即来源于唐传奇《李娃传》。

虽然《李娃传》最终以圆满的结局结束，但在唐代甚至是中国古代社会终究是特例，还有很多故事的结局是不如意的，像《霍小玉传》《莺莺传》等。《李娃传》是作者借李娃和郑公子的故事对门阀等级社会的批判，郑公子以平等的身份追恋李娃这类卑贱女性的行为在客观上是对世俗观念的蔑视，或者说满足了读书人对两情相悦、有情人终成眷属的美好想象。

破不了的魔咒

　　《霍小玉传》取材于唐代社会的广阔背景，讲述了书生李益和痴情女霍小玉的爱情悲剧，书中的主人公在历史上确有原型，所以从这个故事中，我们可以了解一千多年前唐代社会的婚姻观念和婚姻制度。

一　才子佳人初相见

　　大历年间，陇西有个叫李益的书生，出身名门，才貌俱佳，20岁时，已经考中了进士。次年六月，他准备参加级别更高的书判拔萃科考试，暂住在长安的新昌里。少年得志的李益恃才傲物，自命风流，一直希望找到情投意合的伴侣，甚至到处寻访名妓，可惜一直没有遇到心爱的人。

长安城里，有一位叫鲍十一娘的媒婆，曾经在薛驸马家做过婢女。凭着一张巧嘴和在驸马家待过的经历，皇亲国戚、富贵之家的小道消息，她都能打听得到，被人称为鲍妈妈。于是李益就找到鲍妈妈，希望她能帮自己寻一份良缘。

一天下午，李益正闲坐在书房，仆人说鲍妈妈来了。鲍妈妈一来就说："李公子，昨晚可曾做梦？我可听说，有一位仙人被放逐在人间，不爱财不爱物，只爱慕风流倜傥的才子。这千载难遇的小仙女，和您李公子正好般配呢。"李益一听，连忙拜谢鲍妈妈。

鲍妈妈接着说："这位姑娘是霍王的小女儿，名字叫小玉，小玉的母亲曾经是霍王最宠爱的婢女。霍王死后，霍家人嫌弃小玉是婢女所生，不愿意收留她。在分家产时，多分了一些给小玉，打发走了她。后来小玉改了姓，人们也不知道她本是霍王之女。"李益听完，很同情小玉的遭遇。接着，鲍妈妈补充道："小玉颇有姿色，多才多艺，可谓琴棋书画无所不通。前些天，她托我寻找一个好郎君，希望品格、情调能够配得上她。我就介绍了李公子您，小玉一听，表示愿意结识一下。"李益喜不自禁，马上问下一步怎么见面。鲍妈妈说："我打听到了，她家住在胜业坊，我已经和她约好了明日午时见面。"

第二天中午，兴奋的李益早早到了小玉家，鲍妈妈和小玉的母亲已在门口等候。小玉母亲有四十多岁，看上去很有风韵，她对李益说："听说李公子有才有貌，果然名不虚传。我这个女儿，虽说调教不周，但容貌不至于丑陋，和李郎您还是很般配的。"鲍妈妈心领神会，暗示李益道："今晚就让小玉来服侍您。"李益慌忙起身答谢，这时，小玉从闺房里走出来。见到小玉，李益仿佛触电一般，原文是这样写的："但觉一室之中，若琼林玉树，互相照耀，转盼精彩射人。"母亲对小玉说："你不是经常念叨'开帘风动竹，疑是故人来'吗？我看李公子正是你的故人啊，小玉。"

小玉羞涩地低下了头，轻声说道："百闻不如一见，才子果然是才子，气度不凡。"接着，小玉母亲安排酒宴，准备好好招待一番李公子。酒过三巡，天色渐黑，鲍妈妈就安排他到小玉家的西院歇息。清静的庭院，华灯初上，窗帘被微风吹起，一切都是最美好的样子。

当天晚上，这一对互相喜欢的年轻人亲密过后，小玉却泪流满面。她对李益说："我本是娼妓人家，不能与公子匹配。如今因姿色而得到您的爱恋，只怕哪天年老色衰，君之感情也会

破不了的魔咒

239

转移。到时候，我就像没有大树可以依靠的藤萝一样。"小玉这么一说，忍不住悲伤起来，低声啜泣。李益赶紧伸过手臂，搂住小玉说："平生之愿，今日实现，即使粉身碎骨，我也绝不会离开你！不如我们共起盟誓吧？"李益毫不犹豫地写下了八个字："引谕山河，指诚日月。"引用山河作比喻，指看日月表诚心，李益的态度句句恳切，令人动容。

故事讲到这儿，大家多少还是有些奇怪甚至不理解，出身名门、前途无量的才子李益为什么不去找一个明媒正娶的妻子，而是在风月场所中寻找知心爱人呢？

其实，在唐代，普遍存在文人狎妓的现象，像李白诗中"落花踏进游何处，笑入胡姬酒肆中"，白居易诗中"春风得意马蹄疾，一日看尽长安花"，杜牧诗中"十年一觉扬州梦，赢得青楼薄幸名"，这些诗句都描写了当时的文人少年得意、遍游青楼甚至始乱终弃的场景。为什么在文人圈子里，有那么多才子与名妓的爱情故事呢？

唐代文人狎妓并不是个别现象，可以算是一种风气。为什么呢？唐代官妓业发达，一些文人举子因为科举考试的原因，长时间滞留在都城难免孤独，而很多沦落风尘的歌伎也有比较高的文化素养，在歌舞、文学、音乐方面出类拔萃。所以书生和歌伎吟诗作赋，也成了他们炫耀的资本。

李益在长安自然会受到这种风气的影响，不过当他遇到小玉，一见钟情的两个年轻人产生真正的感情完全是可能的。小玉到底是不是霍王家的女儿呢？霍王在历史上确有其人。根据《新唐书》的记载，霍王本名李元轨，高祖李渊的第十四个儿子，武则天时期因为谋反而被处死。唐中宗神龙元年，李元轨的长子李绪的孙子李晖（霍王的曾孙）也被封为霍王，所以唐代存在两个霍王。《霍小玉传》的故事发生在大历年间，如果按时间推算，霍王是李晖的可能性比较大。需要指出的是，唐代娼妓谬托高门的现象十分普遍，所以小玉到底是不是霍王的女儿不好说。

二 山盟海誓终成空

李益和小玉在一起虽然是两情相悦，但不能不说李益最初的想法是"才子配佳人"。小玉和李益在一起，也算是一个弱女子寻到了依靠。李益在对小玉面前发下盟誓"引谕山河，指诚日月"之后，两人过了两年相亲相爱的日子。

两年后的春天，李益参加了书判拔萃科的考试，如有神助，高中头名，随后被授予郑县主簿的官职。到了四月，他要离开长安走马上任了，小玉对李益说："以李郎的才学和名声，为人仰慕，愿意与您结婚的名门之女，一定很多很多。您这次回家，说不定会缔结姻缘。当初咱俩的盟约，恐怕只是空谈罢了。妾身有个小小的愿望，我年方十八，郎君也才二十二岁，距离您三十而立，还有八年。一辈子的欢乐与爱恋，希望在这八年内享用完毕。然后，您再去挑选名门望族，结成秦晋之好，也不算晚。八年之后，我愿青灯古佛，度过余生，再不过问世事。"李益听完，既惭愧又感动。他对小玉说："我对天发誓，不论生死都会遵守诺言，一定与你白头偕老。八月，我会回到华州，派人前来接你，我们相见的日子不会遥远的。"说完，两人相拥而泣。

小玉为什么说出在一起要八年，然后让李益另娶的话？她为什么对自己的宿命如此清楚呢？

小玉虽然沦落风尘，仍然对美好的爱情心存向往。当她遇到了少年登第的才子李益，便不可救药地爱上了他。但是因为生活在一个等级森严的社会，她清晰地意识到，自己不可能成为李益明媒正娶的妻子，所以才在与他结合的第一夜，就预料到爱情的结局。

　　从古到今，婚姻是非常重要的人生礼仪。在唐代，婚姻必须奉父母之命、经媒妁之言。所谓门当户对，是指男女双方（包括出身、家庭等）在政治和经济地位上属于同一阶层，这是一种实践法则，也是既定的社会规范。唐代法律有明文规定："凡官户奴婢，男女成人，先以本色媲偶。"（《唐六典》卷19《通制》）"本色"两个字很说明问题，也就是说官户人家的奴婢，只能与同等阶层的人联姻。而作为唐朝的读书人，如果想在功名上求取进步，最好是联姻高门，如果娶不到高门大姓的女子，无异于自毁前程。

　　婚姻对于男女双方的行为具有限制性，婚前的风流韵事如果真正产生了爱情，在面临不能结婚的情况下，结果只能是始乱终弃，这是唐传奇中多数以悲剧告终的原因。小玉作为娼妓出身的女子，她看惯了身边的姐妹被喜欢又被抛弃，也深知身份的阻碍，让她无法光明正大地成为李益的正妻。所以她才悲伤无奈地给爱情设定了一个期限，八年之后让李益另娶高门。

　　可是李益是怎么做的呢？他有没有想办法和小玉在一起呢？

　　几天后，李益远赴新职。李益上任后，利用假期回到老家。刚一到家，他就听说母亲已经替他和表妹卢氏答应了婚约。太夫人一向严厉，李益不敢违背，只好前去表妹家行礼答谢，也答应了近期内成婚。卢家是名门望族，聘娶的彩礼不菲。李益家并不富裕，办这事可能要借贷。所以李益找了个借口溜出去，实际上投奔了亲戚在江淮一带游历，从秋天一直躲到了夏天。李益没有去见小玉，等于背弃了八月相见的盟约，李益还拜托亲戚朋友，不能对小玉走漏风声。

李益和小玉是相爱的，为什么又不得不屈从家里的安排呢？

为了追求家族血统的高贵，当时的世家大族耻于与外族小姓通婚，陈寅恪先生曾在《元白诗笺证稿》中指出："唐代社会承南北朝之旧俗，通以二事评量人品之高下。此二事，一曰婚，二曰宦。凡婚而不娶名家女，与仕而不由清望官，俱为社会所不齿。"婚姻和仕宦是男性获得阶层上升的通道。在中国古代，姑表婚比较常见，李益和自己的表妹结婚，于礼法而言，合乎规矩。如果不与表妹结婚而与风尘女小玉结婚，李益的前途必然受到影响。

这一边李益不得不听从家里人的安排，那一边苦等李益的小玉见他过期不归，多次打探音信。在这一年多的时间里，她的内心充满犹豫与绝望，经常为自己和李益的事算卦占卜，家里值钱的东西也卖完了。过了一年多，李益家早已凑足了聘礼，卢家姑娘也到了长安。李益终究躲不过家里人的催婚，只好乖乖地回到了郑县，准备迎亲。

李益要结婚的消息最终还是传到了小玉这里，伤心的小玉一病不起。

李益得知小玉病重，心生愧疚，但他拗不过母亲的逼婚，索性狠心割爱，不肯去面见小玉。长安城内传言四起，风流人士与豪杰侠客，无不感叹于霍小玉的多情，愤怒于李益的薄幸。

初春三月，李益和伙伴们到崇敬寺欣赏牡丹，忽然来了个豪侠，穿着黄色麻布衫，带着弓箭，身后跟着一个仆人。豪侠上前对李益作揖，说："您是李公子吧？我本山东人士，虽然文才不佳，但一向喜欢贤能之人。我的住处虽然简陋，离这里不远，但也有乐队歌妓，供阁下歇息。"李益听到豪侠一番赞美，也动了心思，便和豪侠策马同行。没想到被带到了小玉家门口，路上李益发现不对时已经脱不开身，小玉家的看门人马上回屋通报："李公子到了！"小玉全家又惊又喜。

在李益来之前的晚上，小玉曾经做了一个梦，梦见穿黄衫的男子陪同李益前来，到了床前，让小玉脱鞋。小玉惊醒之后，告诉了母亲这个梦，还解释道："这并不是一个好梦。鞋者，谐也，是说夫妻要再次会合；脱者，解也，相见又要分离，也可能是永别。"母亲听到这么绝望的话，赶紧制止女儿继续说下去。

第二天，小玉请求母亲帮她梳洗打扮。小玉刚刚打扮好，李益果然来了。见到李益，小玉怒目而视，最终对李益说了这样一段话："我为女子，薄命如斯。君是丈夫，负心若此"，小玉继续哭诉，"可怜我年岁尚轻，心怀冤恨死去。慈母在堂，不能供养。李君李君，今当永诀！我死之后，必为厉鬼，使君妻妾，终日不安！"说完这些话，小玉就气绝身亡了。看着小玉再也无法醒来，李益痛哭不已，为小玉穿上了白色的丧服。第二天，李益将小玉葬在了长安的御宿原，看到心爱的女人下葬，李益大哭一场。

三　凄美故事令人叹

一个月后，李益还是和表妹卢氏成了婚。随后，李益和新婚妻子一起回到了郑县。一天晚上，李益和卢氏正在睡觉，忽然听见帐子外面有嘀嘀咕咕的声音。李益一看，见到一个二十多岁的男子，连连向卢氏招手。李益惊恐地爬起来，绕着帐子看了好几圈，忽然，那个身影又不见了。从此之后，李益心生疑惑，不停地猜忌，新婚燕尔的小夫妻天天争吵。

又有一天，李益从外面回来，卢氏正在床上弹琴，他看到门口抛进来一个犀牛角的盒子，中间有一束绢，打成了同心结的样子，落在卢氏的怀里。李益打开一看，里面有两颗表示相思的红豆。李益气坏了，愤怒地大吼，他夺过妻子怀里的琴砸向她，拼命盘问她这是怎么回事儿。卢氏也不知道怎么解释，有口难辩。从此之后，李益常常家暴妻子，百般虐待，没过多久，就把卢氏休掉了。写到这里，可能大家会有疑问，想休妻就能休妻吗？卢氏并没有过错呀。

在中国古代，丈夫想要休掉妻子，无须征得女方的同意，只需要写一纸"休书"便可将妻子驱逐出门。"七出"作为一种道德礼教，早已形成。"七出"的规定是这样的："无子、淫佚、不事舅姑、口舌、盗窃、妒忌、恶疾"也都可以是休妻的理由，到唐代时，"七出"变成了法律。此后的《元典章》和《大清律》也都把"七出"纳入了法律条款中。李益以所谓的"淫佚"为理由，休掉卢氏。女性哪怕是被猜忌被家暴，也没有申诉的权利。

卢氏被休后，李益先后找过多位伴侣。有一个叫营十一娘的名姬，李益非常喜欢她，也领回了家门。但李益对她横加猜忌，每次出门时，他都用浴盆把营十一娘倒扣在床上，周围加上封条，回家仔细查看后，再揭开封条。反反复复，李益前后娶妻三次，都像开头一样，不得而终。

故事讲到这儿便结束了，小玉临死时曾说过这样一句话：我死以后，一定变成厉鬼，让你的妻妾终日不得安宁。按照这种说法，似乎因爱生恨的小玉在报复李益，事实上，这场悲剧的成因跟李益的性格也有关系。

李益是典型的逃避型性格，他对即将发生的事情和不可预测的未来，总是选择以逃避的方式应对。像他刚回家，知道母亲为他定亲，他并没有向家人讲述他和小玉的关系；当他为举办婚礼而打着借贷的名义四处躲避时，没有将实情告诉日期夜盼的小玉，而是再一次逃避；当豪侠劫持李益来到小玉府上时，他想伺机逃走；在小玉将要离世之时，面对小玉爱恨交织的斥责，李益依然选择沉默。受过感情伤害的小玉，付出了生命的代价，杳然而去；同样感情受挫的李益，已经丧失了理智，不能正常地生活。眼见心爱的人死在自己面前，巨大的打击也很可能让他性情大变，这在他对妻妾的猜忌和暴虐行为中，表现得淋漓尽致。到最后，不仅是李益和小玉的悲剧，连带李益的妻子卢氏，还有他后来的妻妾都陷入了这场悲剧之中。

李益为什么不能光明正大地迎娶霍小玉呢？仅仅因为他是负心汉那么简单吗？造成这场悲剧的根源，其实是门第婚姻的观念与习俗。

魏晋南北朝至隋唐时期，属于门阀士族社会，出现过比较多的名门望族，也称为世家大族。其中，有五个姓氏堪称"豪门中的豪门"，他们分是崔、卢、李、郑、王五大姓。这些世家大族如何崛起的呢？一部分是汉魏以来传统的高门，如太原王氏、范阳卢氏、荥阳郑氏；另一部分就是五胡北朝以来在北方崛起的地方军事贵族，如陇西李氏、清河崔氏。理解崔、卢、李、郑、王这五大姓的地位，可以参考唐朝宰相薛元超曾经说过的话："吾不才，富贵过人。平生有三恨：始不以进士擢第，不娶五姓女，不得修国史。"意思是说，自己平生有三大憾事，其中之一是没有娶到五姓女为妻。薛元超的话代表了当时读书人的心思。要知道，薛氏一家也不是普通人家，薛氏与韦氏、裴氏、柳氏合称为"关中四姓"，属于威望非常高的望族。宰相娶不到五姓女尚且可以理解，连皇帝嫁女给五姓，甚至还遭到拒绝。清河崔氏嫌弃大唐皇室有胡人的血统，门第不高，所以曾经拒绝迎娶公主。唐代后期，贵为天子的唐文宗曾经发出过这样的感慨:"民间修昏(婚)姻,不计官品而上(尚)阀阅。我家二百年天子,顾不及崔、卢耶?"五大姓为何不娶外姓女子呢?他们为了保持自身的婚姻和仕宦处于不败之地,形成了五大姓之间的通婚关系。李益所要娶的表妹卢氏,正属于这五大姓之一。

虽然李益和小玉是小说中的人物,他们所处的时代正是科举制度对门阀制度形成冲击的时期,但二者并存,人们长期以来形成的"选举重谱牒、婚姻尚阀阅"的观念,并不是一朝一夕就能改变的。相比于风尘女霍小玉,卢氏所能带给李益的好处不言自明。

《霍小玉传》是唐代传奇中的经典故事,出身名门的李益刚刚考中进士,前途无量,在长安他遇到了美丽多情的女子霍小玉,两人相爱并且厮守两年却没有结成夫妻,这场爱情悲剧最终以痴心女子的冤魂向负心汉复仇而结束。一场门第婚姻最终造成了一连串的悲剧,《霍小玉传》凄美的爱情故事引爆大唐文坛,故事被传得家喻户晓。主人公李益在当时确有其人,人物原型是中唐时期著名的边塞诗人李益。对于作者为什么以李益为蓝本写《霍小玉传》,曾经有过多种解读,而一千多年之后,小玉的故事成为我们观察唐代社会的一个窗口。唐代士人以迎娶名门女子为荣，因为这种联姻有利于仕途和提高社会地位。婢女所生沦落风尘的小玉自然不能给书生李益带来实质上的阶层上升。婚姻的等级性，岂是一个多情的弱女子所能够打破的魔咒……

一代女侠聂隐娘

2015 年,·由侯孝贤导演、舒淇主演的《刺客聂隐娘》获得了很高的赞誉。如果你看过《刺客聂隐娘》,一定会被女侠的风采所折服。《聂隐娘》是唐代著名文学家裴铏所撰写的传奇小说,因其独特的书写表现形式,成为裴铏的代表作之一。聂隐娘是小说中的主角,她是魏博大将聂锋的女儿。隐娘小时候被一名尼姑掳走,过了五年才被送回,已成长为一名技艺高超的女刺客。我们一起来看看《聂隐娘》讲述了一个怎样的故事吧。

一　一代女侠初长成

故事发生在唐朝中后期。唐德宗贞元年间,魏博节度使中的押衙（官吏名，管理仪仗侍卫，后来成为节度使内设置的官名）聂锋的女儿聂隐娘，只有 10 岁。有一天，一个尼姑来到聂锋家讨口饭吃，见到了隐娘，特别喜爱她。尼姑说："聂大人，能不能将女儿委托给我，让我来教育她？"聂锋很纳闷，我好好的姑娘，凭什么让你一个外人来调教？所以聂锋很生气，斥责了尼姑一番。尼姑回答说："聂大人，您别不答应，哪怕您把女儿锁在铁皮柜中，我也能偷来呀。"聂锋不信，示意家人注意安全。巧合的是，这天晚上，隐娘果然丢了，聂锋大吃一惊，马上令人搜寻，但始终没有结果。心爱的女儿丢了，聂锋觉得跟那个尼姑脱不了干系，女儿肯定是被她偷了。自此之后，聂锋都在不停寻找，每每思念女儿，他们夫妻俩唯有相对哭泣，心里痛苦不堪。

就这样，一直过了五年。忽然有一天，五年前的那个尼姑来了，还把已经长大的聂隐娘也送回来了，并告诉聂锋："我已经把她教好了，把她送还给你。"说罢，尼姑转头不见了。聂家一家人悲喜交加，问女儿都学了些什么。女儿说："开始时，他们教我读经念咒，也没学其他的。"聂锋不相信，又恳切地问女儿。隐娘说："我说真话，恐怕你们也不信，那怎么办？"聂锋说："你就说真话吧。"隐娘便把真实的情况说了一遍。

事情原来是这样：当年，隐娘被尼姑带走时，也不知走了多少里路，天亮时，终于到达了一大石洞中，洞中没人居住，猿猴很多，树林茂密。这里已经有两个女孩，也都是 10 岁左右，都很聪明美丽，就是不吃东西，但她们能在峭壁上飞走，像猴爬树一样轻捷，没有任何闪失。尼姑给了隐娘一粒药，又给了一把二尺长的宝剑，剑刃特别锋利，毛发放在刃上，一吹就断。后来，隐娘开始跟那两个女孩学攀岩，渐渐感觉自己身轻如燕。一年后，学着刺杀猿猴，百发百中。后又学着刺虎刺豹，都能迅速割掉脑袋拿回来。三年后，隐娘学会飞了，能刺老鹰，百发百中。剑刃渐渐磨减到只剩五寸长，飞禽遇到，有来无回。

　　到了第四年，尼姑留下先前到来的两个女孩守着洞穴，安排聂隐娘去了城里，隐娘也不知道这是什么地方。忽然，尼姑指着一个人，把这人的罪过说了一遍，叫隐娘在那人不知不觉时，把他的头割回来。隐娘很听话，用一把羊角匕首，三寸长，像飞鸟那么容易，大白天就把那人刺死了。话说"天下武功，唯快不破"，隐娘的速度快到别人都没发现。隐娘把那个人的头装在囊中，带回了石穴，还用药水将那个尸首化为水。

　　第五年，尼姑又对隐娘说："城里的某个大官有罪，无辜害死很多人，你晚间可到他的房中，把他的头割来。"于是，隐娘就带着匕首来到了那个大官的房中，从门缝中进去，一点障碍都没有。趁着夜色，隐娘爬到了房梁上，直到天亮，隐娘才把那人的头拿回来。尼姑大怒，说："怎么这么晚才回来？"隐娘说："我看那个人逗弄一个小孩，小孩怪可爱的，我没忍心下手。"尼姑斥责说："以后遇到这种情况，先杀了孩子，断其所爱，然后再杀掉他。"

还有一天，尼姑对隐娘说："隐娘，我把你的后脑勺打开，把匕首藏在里面，伤不着你，你用时取出来很方便。"又说："隐娘，你的武艺已经学成了，可以回家了。"于是，尼姑把隐娘送回了家，并约定二十年后才能见面。

聂锋听隐娘说完后，心中很是惧怕。综合来看，似乎隐娘刺杀那两个罪大恶极的人是合乎情理的。但在任何社会，光天化日之下杀人都是犯法，那么唐律中关于杀人罪又是如何规定和量刑的呢？

按照《唐律疏议·名例》的规定，杀人分为七种情形，所谓"七杀"分别是谋杀、故杀、劫杀、斗杀、误杀、戏杀、过失杀。这七种分类的规定一直沿用到民国初年。隐娘在大街上杀人以及去别人家里将人杀死，都属于非常明显的谋杀。在唐朝，谋杀是杀人罪中情节最严重的罪行。从犯罪人数上可分为"共谋"与"独谋"两种，"共谋"顾名思义就是两个人或两个人以上合谋杀人，而"独谋"是一个人进行谋杀。谋杀按照谋杀主体和对象的身份可分为特殊谋杀与一般谋杀。

《贼盗》"谋杀人"条（256条）载："诸谋杀人者，徒三年；已伤者，绞；已杀者，斩。从而加功者，绞；不加功者，流三千里。造意者，虽不行仍为首；（雇人杀者，亦同。）"《唐律疏议》曰："谋杀人者"，谓二人以上；若事已彰露，欲杀不虚，虽独一人，亦同二人谋法，徒三年。已伤者，绞。已杀者，斩。"从而加功者，绞"，谓同谋共杀，杀时加功，虽不下手杀人，当时共相拥迫，由其遮遏，逃窜无所，既相因藉，始得杀之，如此经营，皆是"加功"之类，不限多少，并合绞刑。同谋，从而不加功力者，流三千里。"造意者"，谓元谋屠杀，其计已成，身虽不行，仍为首罪，合斩。余加功者，绞。注云"雇人杀者，亦同"，谓"造意为首，受雇加功者为从"。可见作为出谋划策之人的尼姑应被认定是首犯，尼姑和隐娘应当都被处以斩刑。

在唐代，谋杀并非单指有计划杀人成功，而是只要存在杀人计划就可入罪，谋杀的行为建立在"谋"和"议"的基础上。唐代的谋杀类似于现代的直接故意杀人，包括两方面的要点，即行为人事前知道行为的结果会导致他人死亡，并且行为人希望这样的结果出现。谋杀按照其造成的结果又分为"谋而未行""谋而已伤"和"谋而已杀"这三种情况。唐朝针对谋杀的立法可谓相当缜密、复杂而完备，有着精准的量刑标准，似乎没有什么谋杀行为能够逃脱法律追究的范围。

具体到本案，尼姑是出谋划策之人，而隐娘是执行杀人计划之人，属于"共谋"。隐娘刺杀的是两个陌生人，属于一般性谋杀。从行为结果上看，是"谋而已杀"。然而，在现实生活中，尼姑和隐娘都没有受到任何的法律处罚，联想到当时特殊的政治军事社会环境，也可以理解。唐代中后期，藩镇割据，社会混乱，刺杀之风盛行，再加上隐娘这种行为是当时颇受崇拜的"侠客"之举，所以没有受到任何处罚。

二　杀人如麻视儿戏

隐娘回家之后，接下来，故事是如何进展的呢？

回到家的聂隐娘，已经没有小时候的乖巧，每到夜晚就不见了，天亮才回来，父亲聂锋也不敢追问。有一天，一个磨镜的少年来到聂家门前，隐娘说："这个人，可以做我的丈夫。"她告诉了父亲，聂锋考虑到自己的女儿杀人如拾草芥，不敢不答应。不久，隐娘便嫁给了那个少年，她丈夫只会做一些制镜、磨镜的活儿，不会干其他的，隐娘夫妻二人在外居住，父亲供给他们吃穿费用，日子过得还很殷实。

聂隐娘学的是绝世武功，成为游走官宦间的女杀手。男人大都畏惧这般随时能夺人性命于无常的女子，连她的父亲也害怕她。但隐娘似乎早已洞若观火，她为什么主动选择平庸的磨镜少年为夫君呢？在当时的社会中，美貌、独立的女子，岂会甘心委身于一个平凡的男子？

其实，《唐传奇》中还有一篇传奇《风尘三侠》，记载了一个与隐娘类似的红拂女的故事，她最终与唐初大将李靖私奔，这也是美人配英雄的标准版本。说回聂隐娘，多年以后，隐娘的父亲去世。魏博主帅田季安知道隐娘的一些情况，便用钱财雇用她为左右吏。就这样又过了数年，到了宪宗元和年间，魏博主帅田季安和陈许节度使刘昌裔关系不睦，田季安便打算派隐娘杀死刘昌裔。

刘昌裔神机妙算，隐娘刚辞别魏博主帅时，他就知道她要来，便召集衙将，命令他们在隐娘来时的那天早晨到城北等候，如果看到一男一女分别骑一头黑驴、一头白驴，那就是他们。他们到城门口，遇到一只鸟在夫妻二人面前鸣噪，丈夫用弹弓射没有射中，妻子夺来弹弓，只一丸便射杀了鸟。衙将对他们行礼一揖，说："我们大人想见两位，所以让我们大老远出来迎接两位。"隐娘说："刘仆射果然是神人，怎么知道我们要来呢？我们愿见刘公。"刘昌裔与隐娘夫妻见面后，隐娘夫妻拜过说："我们很对不起你，真是罪该万死。"刘昌裔说："不能这样说，各为其主，人之常情，我和魏帅没什么不一样的，我请你们留在这里，不要有疑虑。"隐娘感谢说："仆射左右无人，我们愿意到你这里来，我很佩服你的神机妙算，魏帅倒不如你。"刘昌裔又问他们需要什么。他们说，每天只要二百文钱就足够了。刘昌裔答复了他们的要求。忽然有一天他们骑来的两匹驴不见了，刘昌裔派人寻找，不知去向。后来在一个布袋中，看见了两头纸驴，一黑一白。

一个多月后，隐娘对刘昌裔说："魏帅不知我们在这住下了，必定派人来，今天请你剪些头发，用红绸布包上，送到魏帅枕前，表示我们不回去了。"刘昌裔照办。到了夜里四更时间，隐娘返回来了，对刘昌裔说："信送去了，后天晚间，魏帅必派精精儿来杀死我，还要割你的头，我们也要多想办法杀了精精儿，你不用忧愁。"刘昌裔听后，豁达大度，毫无畏色。

这天晚上，烛光通明，半夜之后，果然看见一红一白两个幡子，互相击打，飘飘然在床的四周转悠。过了很久，见一个人从空中跌下地来，身子和头分开了。这时隐娘也出现了，说："精精儿已经被我打死了。"随后，隐娘将精精儿的尸体拽到堂下，用药水化成了水，连毛发都不剩。隐娘又说："后天晚间，魏帅会派空空儿来，空空儿的神术是神不知、鬼不觉、来无影、去无踪，我的武艺是赶不上他的，这就看仆射您的福分了。您用于阗玉围着脖子，盖着被，我变成一只小蚊虫，潜入你的肠中等待时机，其余人不用逃避。"刘昌裔按她所说的办法照做了。

到了三更，刘昌裔虽然闭着眼睛但根本没有睡着。忽然，他听到脖子上砰的一声，声音特别大。隐娘从刘昌裔口中跳出，祝贺道："仆射没事了。这个人像雄鹰似的，只是一搏，一搏不中他便会远走高飞，他没击中感觉很耻辱，还不到一更，他已经飞出一千多里了。"刘昌裔身边的人赶紧察看了刘昌裔脖颈上的玉石，果然有匕首砍过的痕迹，很深。刘昌裔躲过一劫，给隐娘夫妇送了厚礼。

唐宪宗元和八年（813年），刘昌裔从陈许调到京师。隐娘不愿跟随去京，她说："从此我要游山逛水，遍访圣贤。只求你给我丈夫一个差使便可以了。"刘昌裔照办了。后来，隐娘刻意隐藏了自己的行踪，大家渐渐不知隐娘的去处。只是刘昌裔死时，隐娘骑驴到了京师，在他的灵前大哭而去。

唐文宗开成年间，刘昌裔的儿子刘纵任陵州刺史，在四川栈道上遇见了隐娘，面貌仍和当年一样，彼此很高兴能够重逢。隐娘还像从前那样，骑一头白驴。她对刘纵说："你有大灾，你不应该到这里来。"随后，她拿出一粒药，让刘纵吃下去。隐娘说："来年，你不要做官了，赶紧回洛阳去，才能摆脱此祸。我的药力只能保你一年免灾。"刘纵不太相信，但仍然送给隐娘一些绸缎作为答谢，隐娘没有要，飘飘然而去，如神似仙。一年后，刘纵没辞官，果然死于陵州。从那以后再没有人见过隐娘。

三　美丽图景终是空

故事到这里已经结束了，我们发现隐娘成了一个名副其实的杀手，一开始在魏帅田季安麾下行事，后来又在奉命刺杀刘昌裔时，因拜服其"神明"，不但放弃了刺杀的使命，更想方设法为刘昌裔祛除了其后来犯的精精儿与空空儿，改事新主。是什么原因让聂隐娘从一个懵懂的小姑娘变成了杀人如麻的杀手？又是怎样的社会背景导致如此混乱的社会治安呢？故事是真实还是虚构的呢？

在聂隐娘身上，我们看到了典型的唐代"侠客"形象。刺客的猖獗代表了中唐以后政局、社会的混乱，暗杀之风盛行，藩镇之间相互残杀，政治人物在危惧之余，不免有所反弹，但朝廷对藩镇羁縻的力度不足，只得转从侠客入手。具体到《聂隐娘》，作者幻想着有神异本领的侠客出现，以除暴安良、伸张正义。

侠客之所以令人畏怖，除了拥有高超的武力、凛然的义气，也与其行事上的不按常理出牌有关，令人难以揣测。聂隐娘白日刺人于都市中，也有"某大僚有罪，无故害人若干"的前提，却也未必符合正义和法律程序，如若人人都像她这般随意置人性命于不顾，那唐律规定的法律条文与执行力度何在？社会的公序良俗何在？尤其是当聂隐娘发现其刺杀的对象正与他可爱的小儿子"戏弄"之时，因其子"可爱"，她不忍心下手，故延迟复命。虽然尼姑斥责她，"以后遇此辈，必先断其所爱，然后决之"，但是稚子何辜，竟要惨遭连累，是难以令人接受的。

我们还看到，《聂隐娘》全篇为我们刻画了一个独立自主、不受父母权威、男性权威束缚的女性形象。隐娘幼时为尼所教，学得技艺。回家后，父亲"不敢诘之""不甚怜爱"，对聂隐娘不加管制。及至聂隐娘见到磨镜少年时，则欲以之为夫，而父亲"不敢不从"。聂隐娘的婚姻，不同于"父母之命，媒妁之言"的婚姻模式，而是独立自主地选择自己的夫婿，连父亲也得听从她的意愿。婚后，不但不受丈夫的束缚，反而是丈夫听从隐娘的安排。聂隐娘受魏帅派遣，到陈许欲刺杀刘昌裔，丈夫亦跟从她到陈许。后来，聂隐娘投靠刘昌裔，并杀死了所有欲谋杀刘昌裔的高手，丈夫也跟随他投靠刘昌裔。最后，刘昌裔调回京师，隐娘欲"自此，寻山水、访至人"，直接抛下了自己的丈夫。可见，聂隐娘不但不受男性权威的压迫，反而是处于主导地位，自主决定自己的婚姻生活模式。

聂隐娘敢爱敢恨、行事果敢、独立自主，故事的内容诡怪荒诞，但也反映了一些历史真实。作者借此深刻地揭露了唐代中后期藩镇割据、争权夺利、互相残杀的丑恶真相，其中蕴含的法律制度也值得我们深思。中唐以后暗杀之风盛行，藩镇之间相互残杀，必须收罗一些具有特殊技能的侠士作为爪牙。这些侠士，或出于个人的恩怨，或取舍于藩镇势力的强弱，实际上充当了藩镇争权夺利的工具。

《聂隐娘》的故事离奇且神异，不仅在唐代引起了读者们的强烈反响，还开启了后代的仙侠写作风气，远离现实，步入虚幻。《聂隐娘》和另外一篇传奇小说《红线》写的都是女侠，为后来女侠小说的雏形。宋代和清代都有以此为蓝本而加以改编创作的作品：北宋初年，李昉等人编纂《太平广记》，将这篇传奇收录在《豪侠》类中。宋元之际，有个叫罗烨的人写了本《醉翁谈录》，里面就有《西山聂隐娘》这样的篇目。顺治年间，被当朝皇帝称呼为"真才子"的尤侗曾将《聂隐娘》的故事从传奇改编成戏曲，还取了《黑白卫》这样生动的标题。到了晚清，版刻名手任熊绘制《三十三剑客图》，聂隐娘排在第九位，比另外两名女侠红线和荆十三娘都要靠前。

《聂隐娘》刻画了一个身怀绝技，有胆有识，又凌驾于家长权威、男性权威之上的光辉女性形象。这种女性形象具有侠的精神、侠的技艺，保证了她独立自主的生活。在唐代，与聂隐娘形成对比的是，更多的女性在爱情婚姻中处于被动地位。也许，来去无踪、潇洒仗义的女侠聂隐娘的命运，只是一幅空想的图景……

手势、误会与凶杀案

唐传奇中有一经典故事《冯燕传》，这篇小说的作者是沈亚之。《冯燕传》甫一出现，立刻引起了人们的议论，堪称唐代的网红小说。《冯燕传》具体讲了一桩什么奇案呢？

一 张家发生惨案

唐代贞元年间，秋风肃杀的一天，滑州城内，在下级军官张婴家中，发生了一起惨绝人寰的凶杀案。张婴的妻子昨天夜里被人残忍杀害，案发现场一片狼藉。更可怕的是，张婴自己的佩刀上沾满了鲜血。第二天大清早，屋内传来张婴呼天抢地的哭声，张家瞬时被围得水泄不通……

原来，张婴早上酒醒后，看到妻子躺在血泊之中，他大吃一惊！努力回忆昨晚的情形，压根儿想不起来发生了什么。面对身侧已无气息的妻子，张婴怪自己喝断片了，扪心自问："这是怎么啦？我张婴再怎么怨恨妻子，也从来没有动过杀死她的念头，为什么我刀上有血呢？"妻子这样不明不白地死了，张婴很伤心。

　　是谁杀死了年轻貌美的张妻呢？邻居们都在议论纷纷。因为平时邻居也曾发现张婴两口子闹矛盾时，曾撕扯在一起。这次张婴的妻子死了，邻居们认为张婴杀妻的嫌疑最大。

　　很快，"张婴杀妻"的传言就传到了官府，官府派人前来调查。办案人员梳理了几大线索：第一，案发现场是张婴第一个发现的，而且他自始至终在案发现场睡觉，杀人这么大的动静，如果凶手不是他，他难道没有听到？第二，多位邻居出具了证言，认为张婴平时就有殴打老婆的行为，夫妻关系并不是特别和谐。第三，在作案工具上，张婴的刀是非常明显的作案工具。死者的娘家人不依不饶，认定张婴就是杀人凶手，要求立即判处张婴死刑。

　　当时没有验证指纹、测谎仪等设备，张婴是哑巴吃黄连，有苦说不出。面对死不认罪的张婴，司法部门的官吏只好上刑，用棍子暴打张婴。在打了一百多下后，张婴已经被打得死去活来。终于，他忍受不了钻心的疼痛，被迫最终承认妻子就是他杀的。

综合各方面证据来看，张婴杀人的逻辑似乎是合乎常情的。按照唐律的规定，应该如何处置张婴呢？他有没有申诉的机会呢？

我们先来回顾一下中国古代关于杀人罪的规定。当年，刘邦入主咸阳后，曾与当地的百姓约法三章："杀人者死，伤人及盗抵罪。"虽然这只是十个字的法律条文，却包含了至高的法律准则。其中，最明显的是这四个字——"杀人者死"。千百年来，对于杀人行为的处理原则没有太大变化，"杀人偿命、欠债还钱"妇孺皆知，以命抵命是天经地义的事情。那么，进入唐代之后，针对杀人的处罚是如何规定的呢？案件理由和案件结果之间有没有相应的衡量准则呢？

按照唐律的规定，杀人分为七种情形，分别是谋杀、故杀、劫杀、斗杀、误杀、戏杀、过失杀。张婴日常有殴打妻子的行为，酒后难以控制自己的情绪而失手杀妻，佩刀等作案工具又遗留在案发现场，这在推理过程上是环环相扣的，在证据链条上也是完整无缺的，属于非常明显的谋杀。

很快，案件走完了审理程序，马上就要秋后问斩了。在刑场上，法官宣读了判决书，认为这是一场典型的故意杀人案，证据非常充足，证人、证言、证物也很齐全。眼看要对张婴实行绞刑，突然，一个黑影从人群中冲了出来……

　　来人叫冯燕。冯燕一身游侠打扮，他从人群中挤出来，不慌不忙地走向法官，说："法官大人，你们判错了，人是我杀的，断头台上的那家伙张婴——无罪。"听到冯燕这么说，大家都怔住了，竟然还有自投罗网的？难道张婴是无辜的替罪羊？在刑场上出现这么戏剧性的一幕，着实令人震惊。

　　来者不善。冯燕在滑州是响当当的人物，他原本是魏州人士，虽说祖上籍籍无名，但冯燕本人会武功、尚义气，可谓风流倜傥的翩翩少年。可惜的是平时不干正事，净整一些击球、斗鸡的闲事儿，还喜欢打抱不平。有一次，在魏州的集市上，两个人因为争财夺利打起来了。冯燕看到后，二话不说，把不占理的那一个人就给杀了。冯燕犯事之后，官府就要抓他。熟悉地形的他藏到田间，成功地躲开了官府的抓捕。眼看在魏州混不下去了，冯燕被迫流亡到了滑州。到了滑州之后，偶然的机缘，冯燕赢得了当地军政长官贾耽的注意。贾耽安排他做了一名武官，穿上戎装后的冯燕风流不改，也讨女人的喜欢，但他又是怎么认识张婴的妻子，最终又杀了她呢？冯燕跟法官原原本本交代了事情的经过。

原来，有一次冯燕在出行途中，遇到一个年轻貌美的女人倚门而望。之后的几天，冯燕寝食难安，总是难以忘记那个美丽的身影，于是使出各种手段，想方设法打听她的消息。没想到这个女人早已嫁为人妻，丈夫是军队中的军官，官品并不高，叫张婴。

与冯燕相比，张婴是一个不懂浪漫的粗人。不仅做不到怜香惜玉，还是一个嗜酒如命的酒鬼。对于如花似玉的娇妻，张婴疏于照顾。这自然给了冯燕机会，张婴妻子耐不住闺房的寂寞，在冯燕的挑逗之下，两人很快就成了地下情人的关系。可是，纸终究包不住火，两人的私情还是被张婴发现了。自发现妻子出轨后，张婴气不过，多次殴打妻子以发泄心中的怒火。但他的做法并没能让妻子断绝跟冯燕的关系，两个人仍然选择私下往来。从这一点来看，张婴的妻子对冯燕用情颇深，即便被丈夫打也要继续跟冯燕在一起。冯燕为什么要将一心一意跟自己在一起的情人置于死地呢？

原来，几个月前的某天晚上，冯燕和张婴的妻子约好了在她家见面。原本计划着等张婴回来之前，冯燕会离开。但没想到张婴喝得酩酊大醉，提前回来了。张婴妻子慌忙用衣裙挡着冯燕，冯燕赶紧跑了出去，一着急，把头巾落在了枕头边上。担心落下头巾留下把柄，冯燕赶紧返回去取头巾，这时，张婴已取下身上的佩刀，很快就睡着了。趁着张婴还没醒来，冯燕示意张婴的妻子把头巾递给她。没想到，她把佩刀递给了冯燕。她把刀递给冯燕干什么呀？难道是让冯燕杀了张婴吗？这个动作可给她自己惹来了杀身之祸。

冯燕接过寒光闪闪的佩刀，看了看张婴妻子，随后一刀砍下了张婴妻子的头颅。冯燕的举动实在是太匪夷所思了，他怎么会一刀杀了跟自己相好的情人呢？原文是怎么写的："燕指巾，令其妻取，妻即刀授燕，燕熟视，断其妻颈，遂巾而去。"意思是说，冯燕示意张婴的妻子取头巾，张妻却给了他刀，冯燕很惊讶。重点在于头巾与刀的位置相近，张婴的妻子应该是误会冯燕的意思，抑或是她居心不良，想谋杀亲夫，就把刀递给冯燕。可就这一个动作，让冯燕怒从心起，"熟视"说明冯燕盯着张婴的妻子好久，他认为一个女人如果对结发的丈夫毫无情义，说不定哪一天也会这样对自己，于是他手起刀落，干净利落地杀死了她。

二 杀人是否偿命

戏剧性的一幕出现在判决现场，在上千人的见证下，真正的杀人凶手冯燕挺身而出，以自首救下了张婴。当时的军政要员贾耽听说冯燕自首的事情后，一点也不吃惊，因为早些年他已经认识冯燕，了解冯燕的为人，他对冯燕也算有知遇之恩。贾耽在梳理完冯燕杀人事件的来龙去脉后，不但不怪罪冯燕的冲动，反而被他的侠义精神所感动，认为这是一桩奇案，决定上报皇帝。贾耽宁愿以自己头顶上的乌纱帽为冯燕作担保，难道贾耽不怕受牵连吗？冯燕杀人证据确凿，本人又投案自首。那么，按照唐律应该怎么判呢？

作为当时官方的成文法典，唐律对谋杀又细分为三种情形。《唐律疏议·贼盗篇》规定："诸谋杀人者，徒三年；已杀伤者，绞；已杀死者，斩。"意思是说，如果有预谋但未实施者，嫌疑人会坐三年牢；已经实施但受害者只是受伤的，嫌疑人要判处绞刑；已经实施谋杀并且受害者已死的，嫌疑人必须被判处死刑。果不其然，官府对于这起恶性杀人事件，秉承着"从重从快"的处理原则，冯燕应该被判处死刑。但是，经过贾耽作担保后的案件，在这时发生了逆转。

当时是唐朝的贞元年间，在位的皇帝为唐德宗。德宗仔细听取了贾耽的上奏，分析了冯燕杀人案的来龙去脉，认为张婴的妻子有错在先；冯燕杀人虽属不对，但他勇于承认自己的过失，在杀人缘由上属于情有可原；在判决现场，冯燕能够公开自首。德宗考虑到国内承平日久，民间越来越缺少侠义精神，而冯燕敢作敢当，值得提倡。因此，唐德宗同意了贾耽的建议，称赞冯燕是古往今来难得的侠士。随后，德宗发布了一道恩命，不仅赦免了冯燕，也一同将滑州所有的死刑犯赦免，还表彰了一番。

到这里，故事讲完了。古今中外，通奸都算是对婚姻的一种背叛行为，也是出轨男女的一种大冒险，冒险的结果应该由出轨的双方来共同承担。在一般的出轨故事中，往往讲到男欢女爱的私情时，会有丈夫出于义愤而杀死奸夫淫妇的情节。但是《冯燕传》却不一样，独辟蹊径，将故事的套路反其道而行，杀死出轨女子的竟然是她的情人，理由居然是认为她对自己的丈夫不忠，这按常理来说多少让人难以理解，沈亚之这样写的目的是什么呢？

沈亚之生于吴兴（今浙江湖州），元和年间，他考中进士，做过秘书省正字和栎阳尉。他本人以文学著称，擅长诗与传奇，曾经游历于韩愈门下，著名诗人李贺曾经评价他为"吴兴才人"。沈亚之留下来的作品20余篇，《冯燕传》是他影响比较大的唐传奇。在文章末尾，沈亚之发出了这样的感慨："淫惑之心，有甚水火，可不畏哉！然而燕杀不谊，白不辜，真古豪矣。"意思是说，淫乱之心，仿佛水火，一旦发作，令人生畏。然而冯燕杀不仁不义之人，使无辜的人得以清白，真是古往今来难得的豪侠。可见，作者有意将出轨的妇女受到惩戒作为结束，杀人的奸夫不仅得到了法律的宽恕，还受到人们的同情甚至被塑造成为侠士。

沈亚之塑造的冯燕这个人物在作品问世后很受热捧，晚唐著名诗人司空图针对《冯燕传》写下了长篇叙事诗歌《冯燕歌》。其中有这样的诗句："魏中义士有冯燕，游侠幽并最少年。避仇偶作滑台客，嘶风跃马来翩翩。"这四句诗很有意思，既交代了冯燕从魏州避仇而躲到滑州的经历，也歌颂了冯燕的个人形象——义士、游侠，一个风度翩翩、凛然正义的侠客形象跃然纸上。在诗中，司空图是这样评价的："已为不平能割爱，更将身命救深冤。"他认为冯燕的所作所为体现出两点：一是忍痛割爱，将一己之私置于社会公平之下；二是舍生取义，以自身性命换取人间正义。

说到这儿，冯燕的形象已经完全洗白了，但我们似乎觉得哪里有点不对劲。沈亚之为什么这么写？《冯燕传》为什么在唐代受到如此追捧呢？说起来这和唐代的游侠文化密不可分。

提到"侠"，我们都会不由自主地产生钦佩和向往之情。游侠是中国古代文化中的常见因素。早期的游侠，是指活跃于春秋战国和秦汉时期的特殊阶层。他们对于国家而言，有利也有害，但对于平民百姓来说，却是不可多得的英雄。司马迁对游侠精神非常推崇，他在撰写《史记》时单列《游侠列传》，这在一定程度上反映了当时游侠之风的盛行。司马迁这样写道："今游侠，其行虽不轨于正义，然其言必信，其行必果，已诺必诚，不爱其躯，赴士之厄困。"司马迁的这段话概括说明了什么是游侠精神，其实也能说明冯燕为什么被追捧。

古代的游侠精神包括四个方面：急人所难、任情越法、一诺千金、慷慨无私。沈亚之在塑造冯燕这个人物时，推崇他任情越法的一面，而忽略他鲁莽刚猛的另一面。我们常说"侠之大者，为国为民"。游侠之风一度衰落，在唐代再次盛行，形成了一种崇尚"侠"文化的社会思潮。唐人喜欢游侠，于是原本属于社会秩序破坏者的游侠就变成了英雄，这也许和唐朝开国者带有胡人的血统以及他们长期的作战经历有一定关系。

话又说回来，冯燕身上背负着两条人命，唐德宗不但放了他，还嘉奖他的侠义精神。而他的情人——张婴的妻子却黯淡无光，甚至连个像样的名字都没有。她似乎只是一个符号，一个被忽略的生命，没有人关注她被丈夫殴打的事实。诚然，她婚内出过轨，"出于爱，死于情"，杀死她的奸夫不仅被赦免，还被歌颂为侠义之士，而她背着淫妇的骂名被认为罪有应得，舆论完全一边倒。人们对待应该共同承担出轨代价的男女双方却是双重标准，这是为什么呢？

对于书中的另一个主人公，冯燕的情人即张婴的妻子，沈亚之的态度是显而易见的。尽管书中并没有过多的歧视性描写，但作者受当时生活环境的影响，写作态度代表着舆论对于女性出轨的态度。在任何时代，出轨都是对婚姻的背叛，是不道德的行为，张婴的妻子出轨本身有错在先。但为什么当时的人们对她和冯燕两种标准呢？

说到唐的两性关系和女性地位，人们通常以为女性地位很高，唐代生活风气开放包容，真实的情况并非那么简单。

唐代成年男女可以自由交往，社会环境相对宽松。从法律层面上看，只要不对家庭、血缘和社会等级结构产生冲击，社会对男女的婚外情并没有太多的限制。不过，宽松的两性关系并不代表无尺度与纵容，如果我们仔细研读唐律，可以发现唐律中"奸罪"的规定范围十分广泛，如良人犯奸、良贱犯奸、亲属犯奸、官员犯奸等，对于一些明显属于负面的犯罪行为依然予以重罚。而唐代的女性也并不是单篇诗歌或漂亮的壁画中所呈现的那样自由高贵。

在《冯燕传》中，我们看到了一个游侠形象被塑造、被追捧，但对于女主人公来说，何尝不是一场悲剧？女性的角色处于附属地位，甚至连个像样的名字都没有。唐代文人作为故事文本的创作者，操纵着话语权，他们在构筑两性关系时，自觉或不自觉地按照男权主义的价值标准和审美趣味来描写。

在故事背后，《冯燕传》给我们提供了丰富的法律信息。首先，冯燕属于累犯。冯燕在魏州"搏杀不平"，他在杀死张婴的妻子之前的身份已经是一名在逃犯。依据唐律的规定，"诸斗殴杀人者绞，以刃及故杀者斩"。其次，杀人后的冯燕身负两条人命，按照法律规定，理应被处以斩首，但他第一次侥幸逃脱了法律的制裁，第二次被无罪赦免还被表彰，这在今天看来是多么不可思议。

唐代传奇作为小说的早期形式，并没有承载过多的教化功能，也没有记载作者个人的理想抱负，更不会刻意记述悬疑案件和法律条文。有学者认为，唐代小说在整个小说发展史中的作品数量并不占优势，代表性值得怀疑。正是由于存世数量的稀少，恰可补官方正史之不足；正是由于搜奇记逸的功能，更能深入反映当时法律在基层执行的力度。虽然唐传奇属于文学作品，但是有些传奇中的历史人物大多真实存在过。唐传奇带有作者所生活的时代烙印，透过文字，我们可以还原当时的社会生活。

通过冯燕的故事，我们发现，古代法律规定的刚性与执行过程中的柔性并行不悖。沈亚之是为了歌颂游侠精神这样写，在唐代的司法实践中可能会这样吗？一个身负两条人命的累犯可以不被法律惩罚吗？目前，我们没有发现唐代曾经出现过这样的真实案例。沈亚之为什么塑造冯燕的游侠形象呢？作者也有可能是在暗示乱世时期强权为法，同时也宣扬脱离正统的价值标准。《冯燕传》出现在那个时代，而且冯燕本人的荒唐行为被追捧，也不足为奇了。